Y0-AJK-460

Schriften aus der Gottesfreund-Literatur
1. Heft

Sieben bisher unveröffentlichte Traktate und Lektionen

Herausgegeben

von

Philipp Strauch

Max Niemeyer Verlag
Halle (Saale)
1927

Alle Rechte,
auch das der Übersetzung in fremde Sprachen, vorbehalten
Copyright by Max Niemeyer, Verlag, Halle (Saale), 1926

Druck von Karras, Kröber & Nietschmann, Halle (Saale)

Inhalt.

	Seite
Einleitung	V
Die sieben Traktate und Lektionen	X
Texte.	
I. Von zweier bairischen Klosterfrauen Leben (Margret und Katharine) 1378	1
II. Das Fünklein in der Seele	21
III. Lektion an einen jungen Ordensbruder 1345	35
IV. Von einem eigenwilligen Weltweisen und einem Waldpriester 1338	42
V. Dialog eines Klosterbruders mit einem jungen Priester namens Walther 1347	60
VI. Die sieben Werke des Erbarmens	85
VII. Nützliche Lehre an eine Jungfrau, mit vorangehendem Gebet	93
Abkürzungen für die einzelnen Schriften	96
Anmerkungen	97

Die Forschung über den mysteriösen Gottesfreund aus dem Oberland ist seit längerem zu einem gewissen Stillstand[1]) gelangt, der sich wohl daraus erklärt, daß, wie auch immer die Problemlösung versucht wurde, in jedem Falle für Einzelfragen mit einem non liquet gerechnet werden muß. Daß die Persönlichkeit selbst, auch dann, wenn für sie geschichtliche Vorbilder in Einzelzügen Verwendung gefunden haben, auf einer Fiktion beruht, darüber sind sich jetzt wohl alle einig. Wer aber ist ihr geistiger Urheber? Karl Rieder[2]) glaubte zuletzt ihn in dem Merswin besonders nahe stehenden Straßburger Johanniterbruder Nikolaus von Löwen sehen zu sollen, während für Denifle einzig und allein Merswin in Betracht kam. An diesen wird man sich eben doch immer halten müssen, selbst wenn man die Motive, die ihm zu dieser jedenfalls höchst eigenartigen Schöpfung Anlaß gaben, anders bewertet als dies Denifle getan, auch in moralischer Beziehung

---

[1]) S. A. Chiquot, Histoire ou Légende ...? Jean Tauler et le 'Meisters Buoch' (!) (Pariser These). Strassbourg, Paris 1922, vgl. dazu Revue critique 90, 329; Revue Bénédictine 35, 224. Chiquots Schrift bringt nach keiner Seite hin neue Gesichtspunkte. Meine Besprechung des Riederschen Buches in der Zeitschrift für deutsche Philologie 39, 101 ff. scheint dem Verf. unbekannt geblieben zu sein.

[2]) Der Gottesfreund vom Oberland. Eine Erfindung des Straßburger Johanniterbruders Nikolaus von Löwen. Innsbruck 1905. Bei einstimmiger Anerkennung des von Rieder aufgewendeten Scharfsinns hat sich die Kritik über seine Resultate doch nur sehr vorsichtig geäußert, selbst Pummerer in seiner eindringenden und fördernden Besprechung in Görres' Historischem Jahrbuch 27, 825 ff.

über Merswin ein milderes, den zeitlichen und literarischen Verhältnissen mehr Rechnung tragendes Urteil fällen möchte. Das schließt aber nicht aus, Nikolaus von Löwen als ziemlich willenloses Werkzeug in der Hand Merswins in gewissem Sinne für die Mystifikation mit verantwortlich zu machen, der er ahnungslos Vorschub leistete.[1])

---

[1]) Unter den an den Gottesfreund gerichteten Briefen im Briefbuch (Handschr. H 2185 des Bezirksarchivs zu Straßburg) begegnet auch ein Schreiben (Bl .47ª = NvB 284—291 = Rieder 126*, 24 — 132*, 25) des Nikolaus von Löwen aus dem Jahre 1371. Ich habe bereits in der Protest. Realenzyklopädie 17, 225, 19 ff. dasselbe inhaltlich als ein äußerst weitschweifiges und redseliges Machwerk charakterisiert, immerhin verlangt es, da seine Authentizität zunächst nicht zu beanstanden ist, in sprachlich-stilistischer Hinsicht genauere Prüfung; es ergibt sich doch mancherlei eigenartiges, das diese Persönlichkeit von der Merswins und seines Gottesfreundes unterscheidet. Merswins Neigung zu Wortschwall, formelhaften Wendungen, Wortwiederholungen fehlt auch bei NvL nicht (gemeinsam sind z. B. Redefloskeln wie *mit der helfe gottes, von grunde mins herzen, guotherzig, gerne und gewilleclich, geraten, alles neiswas, iezent an, mit grossem ernste, armer sünder, die grundelose erbermde gottes*), doch läßt dieser es zumeist bei zweifacher Gliederung überwiegend synonymer Worte bewenden, während Merswin bis zum Überdruß drei, ja vier Adjektiva in attributiver Stellung liebt: in den Neun Felsen hat er ganz konsequent seine Vorlage in dieser Art ausgeweitet. Aber auch NvL macht von dem Stilmittel der Zweigliedrigkeit ausgiebig Gebrauch; alle Satzteile sind an dieser Ausdrucksweise beteiligt, besonders das Verbum. In der Wortwahl geht NvL aber eigene Wege, die in der Briefform allein nicht die Erklärung finden. Der Brief zeigt Verbindungen wie *trengen und twingen, gebetten und angerüefet, erzittert und beweget, befinden noch gewar werden, versichere und versorge, versehent und versorgent* NvB 288, 25 f. vgl. 285, 34 f. GF 184, 18 [Rieder 141*, 22]; *erkiesen noch erwelen, ufgesetzet und geordnet, mit einem zerströweten ungesammeten gemüete, tribendes und heischendes, ufenthalten und versehen, sich verbunden und versprochen* 288, 2 vgl. Rieder, Tafel 3ᵇ und s. 117*, 25 f.; — *kundent oder möhtent, enkan noch engetar, künne oder getürre, enmögent noch engetürrent, kan und (noch) mag, ich sol und mag; — ich habe gebetten und bitte, envolge noch envolgen kan; — entschuldige und behilfe, süche noch meine, geben noch nemen, ordent und verbindent; — der welte louf und wisen, sin und wise, mine meinunge und minen*

Es ist nicht meine Absicht, hier nochmals die ganze
Frage auf Grund langjähriger Beschäftigung mit diesem

*sin, ordenunge und meinunge, wise und meinunge, begirde
und meinunge, mit wisen und worten, mit flizze und ernste,
schaden und gebresten, zwivel und argwon;* — *gebunden und
schuldig* (NvB 285, 3 [Rieder 127*, 39], vgl. auch Rieder 6*, 5.
7*, 25), *lidig und unbeladen, lidecliche und wol, trostelos und
angestber, swere und unfridelich.* Gelegentlich auch Dreigliederung beim Adjektiv: 286, 25. 288, 32. 290, 3; Adjektiv
und Partizip: 285, 8. 285, 18. 286, 34.

Nikolaus von Löwen redet den Gottesfreund mit *lieber userwelter getruwer vater, l. minnesamer getr. v., userw. hertzelieber
getr. v., minneclicher l. v., lieber vater* 284, 32. 286, 18. 288, 1.
289, 25. 29. 290, 23. 36. 38. 291, 13 an und leitet seine Ausführungen mit einem *ich getruwe* 285, 1. 286, 20. 22. 39. 291, 10.
20, *ich bekenne und weiz wol* 290, 32, *ich zwifele nut darane*
285, 28. 290, 18, *ich were unsicher* 288, 16, *mich dunket, wan
wissent* (oft) ein, besonders bevorzugt er die Affirmation *sicher*,
nicht weniger als 12 mal, auch *sicherliche(n)* 290, 2. 291, 21.
Der Wortschatz trägt eigenes Gepräge, wenigstens finden,
wenn ich recht gesehen, die folgenden Zusammenstellungen
keine Parallelen bei Merswin; *anderunge* 'Veränderung'
289, 23; *von anegenge* 285, 2. 22. 289, 38; *behelfen* 285, 30.
287, 14; *bereden* 289, 19; *blitzen* stn. 'Erleuchtung' 289, 23;
got dem nut verborgen ist 291, 23 (Merswin sagt *in dem alle
ding beslozzen sint, der alle dinc weiz, g. des alle dinc sint*);
under gotte 285, 31; *hertzeklihe* 'sehr' 288, 7. 290, 7; *hinder
mich und vúr mich* 285, 11; *in stozen* 287, 38; *in der klútterer
walt komen* 291, 27, s. Schmidt, Hist. Wörterb. d. elsäss. Mundart s. 200ª; *leider* 288, 11; *lidecliche* 'leicht' 285, 38; *neigunge*
286, 38. 287, 10. 15, auch Rieder 4*, 10; *triben* stn. 286, 16.
287, 10. 290, 19; *uzdingen* 287, 33; *uzgeliden* 289, 32; *uzstozen*
287, 39; *uztragen* 289, 8; *uzwandeln* 288, 19; *sich verbinden*
287, 3. 288, 2; vgl. freilich auch Meisterbuch 6, 1; *verlessenlich*
'ausgelassen, unpassend' 287, 23; *die ewige oberste worheit*
290, 33; *widerslag* 287, 19; *zúversiht* 285, 26. 286, 4. 288, 7.

Auch folgenden Bemerkungen zum Briefe des NvL sei
hier noch Raum gegeben. Es kann auffallen, daß 288, 24 nur
zwei Pfleger des Straßburger Johanniterhauses erwähnt werden:
Rulman Merswin und Heintzeman Wetzel, dagegen der dritte,
Johannes Merswin (über ihn s. Protest. Realenzykl. 17, 206, 19 ff.,
vgl. Rieder 172*, 31) nicht genannt ist. — Der Sankt Nikolaustag des Jahres 1370 (289, 30) war der Todestag von Merswins
zweiter Frau, Protest. Realenzykl. 17, 206, 32 ff. — 289, 1 ist
statt des überlieferten *manunge*: *manigem* zu lesen. — 290, 30
lies statt *swerliche*: *werliche* (Rieder 131*, 34). — 291, 8 lies
in übergebe; 9 *wolte ich in* (Rieder 132*, 7). — Inwieweit

Gegenstand aufzurollen. Ich muß auch heute noch im wesentlichen meine Ausführungen in der Allgemeinen deutschen Biographie 21, 459—468, in der Realenzyklopädie für protestantische Theologie und Kirche 17, 203—226 und in der Zeitschrift für deutsche Philologie 39, 101—136 aufrecht halten und es dem Leser überlassen, zu entscheiden, ob Rieders Hypothese glaubhafter erscheint. Eine Auseinandersetzung mit seiner Antikritik in den Göttinger Gelehrten Anzeigen 1909 S. 450 ff. halte ich nach wiederholten Erwägungen für unfruchtbar und muß sie einer jüngeren Kraft überlassen, die, wie ich zuversichtlich hoffe, in absehbarer Zeit das Straßburger Urkundenmaterial nochmals einer genauen Nachprüfung, namentlich auch in paläographischer Hinsicht, unterzieht. Das wird freilich unter den gegenwärtigen Verhältnissen zunächst seine Schwierigkeit haben, und so möchte ich meinerseits mich auf einen Beitrag zur Gottesfreundfrage beschränken, der lediglich das Material vervollständigen soll, indem ich aus meiner vor langen Jahren genommenen Abschrift des Großen Memorials der Straßburger Johanniter hier die Stücke zum Abdruck bringe, die, weil von geringerer inhaltlicher Bedeutung, bisher noch nicht veröffentlicht wurden. Erst dann liegt die unter Merswins und des Gottesfreundes Namen gehende literarische Tätigkeit abgeschlossen vor, wenn auch leider recht zerstreut. Es sind sieben Traktate und Lektionen, denen dieses Heft gewidmet ist, die Anmerkungen wollen auf den Zusammenhang der einzelnen Stücke mit den übrigen Gottesfreundschriften, soweit er Sprache und Stil betrifft, hinweisen. Ein zweites Heft soll einen Neudruck der sog. Autographa Merswins und des Gottesfreundes aus dem Briefbuch bringen, die Vier Jahre und das Fünfmannenbuch, die leider von Karl Schmidt s. Z. wenig zuverlässig abgedruckt

---

etwa Nikolaus' von Löwen Sprache und Stil bei Heinrich Blangharts von Löwen und dessen Ehefrau testamentarischen Bestimmungen (Rieder 3*, 1—12*, 4) mit im Spiele sind, mag hier dahingestellt bleiben; vgl. Rieder 4*, 17. 6*, 14. 10*, 22.

wurden. Und doch kommt es gerade hier auf Genauigkeit an, um sich über Schreibung und dialektische Nuancen in den beiden sog. Originalen ein Urteil bilden zu können. Von dem dritten sog. Autographon bedarf es keines Neudrucks, da ich bereits in der Zeitschrift f. deutsche Philologie 34, 267—269 eine Kollation von Schmidts Ausgabe der Neun Felsen mitgeteilt habe.

Das grosse deutsche Memorial (früher L 96ª der Straßburger Landesbibliothek) enthält:

Bl. 9ᵇ—20ᵇ den Traktat von den zwei fünfzehnjährigen Knaben: Schmidt, Nicolaus von Basel S. 79—101.

Bl. 20ᵇ—46ª die Erzählung vom Gefangenen Ritter: Schmidt, NvB S. 139—186.

Bl. 46ª—61ᵇ Von den beiden Klausnerinnen Ursula (1273—1346) und Adelheid: Jundt, Les Amis de Dieu S. 363—392.

Bl. 61ᵇ—69ᵇ Von zweier bayrischen Klosterfrauen, Margarete und Katharina (1302—1355), Leben 1378, s. unten Nr. I.

Bl. 69ᵇ—77ª Die geistliche Stiege 1350: Jundt, R. Merswin S. 119—136.

Bl. 77ᵇ—81ᵇ Die geistliche Leiter 1357: Jundt, R. Merswin S. 137—146.

Bl. 81ᵇ—87ª Das Fünklein in der Seele, s. unten Nr. II.

Bl. 87ª—89ª Lehre an einen jungen Ordensbruder 1345, s. unten Nr. III.

Bl. 89ª—96ª Von einem eigenwilligen Weltweisen und einem Waldpriester 1338, s. unten Nr. IV.

Bl. 96ª—103ª Offenbarung über die Schäden der Christenheit 1356: Schmidt, NvB S. 187—201.

Bl. 103ª—105ᵇ Geschichte eines jungen Weltkindes, das in den Deutschorden eintritt: Jundt, R. Merswin S. 147—152.

Bl. 105ᵇ—106ᵇ Eine Ermahnung mit Morgen- und Abendgebet, die sog. Tafel 1350. 1381: Schmidt, NvB S. 202—204.

Bl. 106ᵇ—111ᵃ Merswins Bannerbüchlein: Jundt, Amis S. 393—402.

Bl. 111ᵇ—119ᵃ (Merswins) Buch von den drei Durchbrüchen und von einem begnadeten Pfaffen, der Meister Eckhart unterwies: Jundt, Histoire du panthéisme populaire S. 215—230.

Bl. 119ᵃ—122ᵃ (Merswins) Die sieben Werke des Erbarmens, s. unten Nr. VI

Bl. 122ᵃ—130ᵃ Merswins Auszug aus Ruysbroek: Engelhardt, Richard von St. Victor und Joh. Ruysbroek S. 347—382.

Bl. 130ᵃ—192ᵃ Merswins Neun Felsen 1352, hrsg. von C. Schmidt.

Bl. 193ᵃ—229ᵃ Das Zweimannenbuch: Schmidt, NvB S. 205—277, vgl. Laucherts Ausgabe, Bonn 1896.

Bl. 229ᵇ—262ᵇ Das Meisterbuch 1369, hrsg. von C. Schmidt, NvB, Bericht von der Bekehrung Taulers, Strassb. 1875.

Bl. 262ᵇ—272ᵃ Dialog zwischen einem heiligen Bruder und einem jungen Priester mit Namen Walther 1347, s. unten Nr. V.

Bl. 272ᵃ—273ᵃ Nützliche Lehre an eine Jungfrau, s. unten Nr. VII.

Bl. 273ᵃ˒ᵇ Gebet = Schürebrand, hrsg. von Strauch, S. 25 Nr. 38.

Bl. 273ᵇ—274ᵇ Lehre Taulers: Jundt, Amis S. 403—405.

Die sieben Traktate und Lektionen.

I. Von zweier bayrischen Klosterfrauen Leben, Margret und Katherine 1378.

In ein bayrisches Frauenkloster treten um das Jahr 1315 zwei engbefreundete Mädchen, Margarete und Katharina, im Alter von dreizehn Jahren ein, nachdem sie in der Kirche vor dem Bilde des Gekreuzigten das Gelübde, der Welt zu entsagen, abgelegt und den anfänglichen Widerspruch der Eltern beseitigt haben. Im Kloster wird ihnen eine Sonderstellung eingeräumt:

an der einen Seite des Dormitoriums werden für sie zwei neue, durch eine Tür miteinander verbundene Zellen hergerichtet, damit sie beständig beieinander sein können. Sie leisten alsbald Gehorsam, üben sich in den sechs Werken der Barmherzigkeit und gewinnen sich schnell die Sympathien ihrer Mitschwestern, denen aber ihr heimlich geübter Gottesverkehr 17 Jahre lang verborgen bleibt. Erst eine Begnadigung, die den beiden Dreißigjährigen zuteil wird, kommt zur Kenntnis der Klosterinsassen. Es ist Fastnacht. Die beiden Schwestern wollen ihrerseits eine geistliche Fastnacht mit ihrem 'Gesponsen und Gemahl' begehen und unterziehen deshalb den Körper scharfer Geißelung. Im Gefühl ihrer Minderwertigkeit umstrahlt sie plötzlich ein heller Lichtschein, der sie in eine Verzückung versetzt, die bis zum Sonntag nach Fasten anhält. Ihr Fehlen im Chor fällt der Priorin auf, sie hat bereits am Freitag Umfrage gehalten, niemand hat die Schwestern gesehen. Es wird ein Schmied geholt, der vorsichtig die Zelle öffnet. Man findet die beiden Schwestern in sitzender Stellung, das Haupt mit roten Rosenkränzen geschmückt. In der Sorge, die Verzückten möchten, plötzlich erweckt, sterben, läßt die Priorin die Tür wieder schließen, nachdem sie die beiden Kränze von den Häuptern genommen, um sie bei den übrigen Klosterreliquien aufzubewahren. Beim Erwachen aus ihrer Entzückung wird dem Schwesternpaar, das wie immer seinen Pflichten nachgehen will, sofort klar, daß es mehrere Tage geistig abwesend gewesen sein müsse, es hofft aber, sein Fehlen im Chor sei nicht bemerkt worden. Erst am zweiten Fastensonntag, an dem sämtliche Schwestern zum Kapitel versammelt sind, bringt die Priorin den seltsamen Fall zur Sprache, führt die beiden Schwestern in die Reliquienkammer zu den Rosenkränzen, mit denen der Herr sie geschmückt, und fordert sie zur Mitteilung ihrer geistigen Erlebnisse auf. Das geschieht nach vorangegangener Beratung mit ihrem Beichtiger, der seine Beichtkinder zugleich veranlaßt, das, was zunächst ungesagt bleiben solle, ihm anzuvertrauen, er würde es schriftlich festhalten, damit nach der Schwestern Tode jeder erfahren könne, was Gott in ihnen gewirkt habe. — Die Begnadung der beiden Nonnen erweist sich als segensreich für die gesamte Schwesternschar, insbesondere ist es eine Witwe, die sich von den beiden Visionärinnen Anweisungen für eine tiefere Lebensführung erbittet. Sie solle, heißt es, das Leben der hl. Elisabet, über die das Kloster ein Buch besitze, zum Vorbild nehmen und sich wie diese in den sechs Werken der Barmherzigkeit üben. — Nach 40 Jahren (1355) klösterlichen Lebens stirbt die eine der Schwestern, Margarete, nach fünftägiger Krankheit, die andere erfährt nach neuntägigem Gebet, daß ihre Mitschwester ins irdische Paradies eingegangen sei; wohl ermangle sie dort noch für 30 Tage des göttlichen Anblicks, dann aber werde sie der ewigen Freude teilhaftig werden. 25 Tage nach Margaretens Tode erkrankt dann auch Katharina und stirbt am fünften Tage. Beide nimmt ein gemeinsames Grab auf. Der Priorin aber übergibt nunmehr der Beichtiger die in schlichten Worten abgefaßte Niederschrift der Lebensgeschichte und des geistigen Verkehrs der Verstorbenen mit dem Seelenbräutigam. Wir erfahren daraus von jahrelangen Geißelungen, denen schließlich selbst der Herr Einhalt gebietet, von langem Versagen göttlichen Trostes, von Anfechtungen zur Unkeuschheit und Verführungskünsten des bald als Jüngling, als Engel, als Jungfrau, bald in seiner wahren Gestalt auftretenden Teufels; doch waren es die unreinen, unkeuschen Versuchungen, die die Schwestern am meisten fürchteten.

II. Das Fünklein in der Seele.

Die Überschrift des Traktats vom Fünklein in der Seele skizziert treffend den Inhalt.

Ein junger Bruder sucht einen heiligen Altvater auf und erbittet sich Antwort auf die Frage, weshalb ihm und anderen seiner Genossen das Wesen der göttlichen Liebe trotz alles Redens darüber in Sermonen und sonst verschlossen bleibe. Das Erwecken des Seelenfunkens, der im allmählichen Aufstieg des ringenden Menschen zu immer höherer Läuterung, schließlich zum 'inbrünstigen, hitzigen Minnenfeuer' emporlodert, bildet den Inhalt der vom heiligen Geiste eingegebenen Unterweisung, die der Altvater dem Jüngeren vorliest aus einer Niederschrift (*geschrift, rede, brief*), die der Jüngere in ein Büchlein schreiben und an Gleichgesinnte ausleihen solle, dabei seiner gedenkend.

II ist von anderem Charakter als I; weder in der Überschrift noch gegen Schluß ist der Gottesfreund erwähnt. Das Problem ist tiefer erfaßt; gelegentliche hübsche Gedanken, die wortreich und sich wiederholend zum Ausdruck gebracht sind. Die Kennzeichen des Merswinschen Stiles verleugnen sich nicht, aber eine gehaltvolle Vorlage, die Taulerähnliches Gepräge trägt, schimmert durch.

III. Lektion an einen jungen Ordensbruder 1345.

Die Lehre eines Älteren an einen jungen Ordensbruder zur Überwindung der Untugenden verfolgt gleiche Zwecke wie der Traktat vom Fünklein in der Seele. Auch sie will dem 'anfangenden' Menschen zu einem guten, vollkommenen Leben die Wege weisen. Da sich dies aber nicht mit einigen 'geschwinden' Worten ermöglichen läßt, so schreibt der Ältere seine Betrachtungen auf. Es handelt sich also um eine Zuschrift, doch wird einmal (40, 10) auch von Vorlesen gesprochen und am Schluß heißt es, der jüngere Ordensbruder solle diese Lektion aus dem Lateinischen ins Deutsche übertragen, sie weitergeben an Pfaffen und Laien, den Verfasser aber bei dessen Lebzeiten nicht verraten: er würde andernfalls das Gelübde des Gehorsams brechen. Hübsch heißt es einmal (40, 23 f.): würdest du zu fünf, d. h. noch anderen Gottesfreunden gehen und sie um Rat fragen, jeder würde dir nur aus seiner eigenen Lebenserfahrung raten können. Der Wege sind viel, und ist doch alles nur ein Weg. Auch das 39, 24 ff.

ausgeführte Bild tritt aus der monotonen Erzählungsweise heraus und läßt auf Entlehnung schließen.

Auch bei III wird es sich um Bearbeitung einer Vorlage handeln.

IV.[1]) Von einem eigenwilligen Weltweisen und einem Waldpriester 1338.

Das Gespräch zwischen den in der Überschrift Genannten hat die Bekämpfung des Eigenwillens zum Thema, das nach allen Seiten hin erwogen und beleuchtet wird, um darzulegen, daß nur Gehorsam, Unterordnung unter den göttlichen Willen zur rechten Vollkommenheit, zum ewigen Leben führt. Der Weltweise, der doch unbefriedigt geblieben ist und nach Höherem strebt, soll auf Rat eines gleichgesinnten Freundes sich an einen erleuchteten heimlichen Gottesfreund, einen Waldpriester wenden. Er sucht diesen auf und trägt ihm so 'behende, vernünftige und sinnreiche' Worte vor, mit der Bitte, der Priester möge sie ihm 'merklich unterscheiden', d. h. im einzelnen zerlegen und ausdeuten, daß dieser nur schlicht und einfach zu antworten weiß: er solle lieber zu den schriftkundigen Pfaffen gehen, deren es viele gebe, während er selbst von 'der Geschrift' nur soviel wisse, wie er eben nötig habe. Er möge es ihm nicht übel nehmen, denn er sähe es doch gewiß gerne, könnte er ihm Seelenrat geben, er solle aber keine Zeit versäumen und heimkehren. Nach dreitägigem Erwägen kehrt der Weltweise am vierten Tage zum Waldpriester zurück, erneut seine Bitte, ihm zu einem bessern Leben zu verhelfen, und findet diesmal Gehör. Er habe, äußert sich der Waldpriester, sich stets vor eigenwilligen Menschen gehütet, sich nicht in viel Gespräch mit solchen eingelassen. Wenn er bei ihm eine Ausnahme mache, so

---

[1]) Von IV verzeichnet Hänel, Catalogi librorum manuscriptorum, qui in bibliothecis Galliae, Helvetiae ... asservantur. Lips. 1830 col. 469 eine Abschrift: 'Eine schöne Rede von einem weltweisen Manne aus dem Johanser Urk.B. gezogen in 16⁰'.

müsse er ihm völliges Stillschweigen über ihn selbst wie über das, was er ihm sage, geloben. Und dann heißt es: *do hŭp der liebe waltpriester ane und sprach.* Er hält ihm seine geistigen Gebrechen vor, er sei ein Mann 'von viel Worten', wie so viele. Ihr habt eure Worte nie 'gelebt'! Damit wolle er nicht sagen, daß seine Art 'böse' sei; wecke sie auch Sorge, so sei sie doch besser, als wenn er in der übellohnenden Welt geblieben wäre. Aber die Wege, die du wandelst, sind unsicher, du bleibst stehen anstatt fortzuschreiten; du stehst heute noch da, wo du im vorigen Jahre standest; ein Stillestehen aber gebe es überhaupt nicht für den Menschen. Der Weltweise gelobt dem Priester Gehorsam an Gottes Statt — und nun übt dieser sein Bekehrungswerk an ihm. Du willst es nicht wissen, wie eigenwillig du bist, willst deine 'schalkhafte' Natur nicht erkennen. Wie schonend geht doch Gott mit dir um, wie nachsichtig, um dich nicht zu verlieren! Den sicheren Weg findest du nur, wenn du dich ihm zu eigen gibst. Es gilt: vom hl. Geiste erleuchtet, alle Worte in éinem zu verstehen, in dem einzigsten Ein, dem ewigen Worte, das 'innere Geraune' zu vernehmen, nach dem die Seele sich sehnt. Wer sich nicht demütig unterwirft, der wandelt auf unsicherer Straße, an gefährlichem Gestade: der leiseste Anstoß läßt ihn ins Wasser fallen und ertrinken. Deshalb ist es gut, sich ganz Gott oder an Gottes Statt einem zuverlässigen Führer anzuvertrauen. Auch Versuchungen und Leiden nimm in Demut hin. Um ein neuer, wiedergeborener Mensch zu werden, bedarf es vorher mehrfachen Sterbens. Es heißt ritterlich streiten, ehe der Herr einen in seinen Hof aufnimmt. Dann aber bleibt der Lohn auch nicht aus. Man sagt, zwei Himmelreiche, hier und dort, könne man nicht besitzen, wohl aber kann der Mensch in der Zeit dazu gelangen, daß sein Himmelreich ('Vorhimmelreich') hier beginnt und dort ewiglich währt. So gewinnt der Mensch billig zwei Himmelreiche. — Zum Schluß spricht der Waldpriester von den drei Kräften: Glaube, Hoffnung, göttliche Liebe.

Die göttliche Liebe läßt das menschliche Herz in den Tod gehen ohne alles Warum um des Geliebten willen und nimmt ihm alle Todesfurcht. Menschen mit solchem Herzen tun der Christenheit not; wo sie sind, da sind sie doch der christlichen Gemeinde unbekannt (ein Lieblingsgedanke in der Gottesfreund-Literatur).

Damit beschließt der Priester seine Bekehrungsrede, die Tag und Nacht in Anspruch genommen. Er glaubt befürchten zu müssen, selbst nicht seinen Worten entsprechend gelebt zu haben, doch seien sie aus bester Absicht gesprochen, auch in der Annahme, den, an den sie gerichtet, nicht wiederzusehen. Der Bitte des Weltweisen, vom Gesagten Abschrift nehmen zu dürfen und sie weiterzugeben, willfahrt der Waldpriester unter der Bedingung, niemals seinen Namen zu nennen, sonst würde er das Land verlassen. Auch dies eine typische Mahnung in der Gottesfreund-Literatur. — Der Ton ist wesentlich gehaltvoller als wir ihn durchschnittlich sonst in der Gottesfreund-Literatur finden und weist wohl sicher auf eine Vorlage, die dann überarbeitet wurde.

V. Dialog eines Klosterbruders mit einem jungen Priester namens Walther 1347.

Erschüttert im Gedenken an Christi Leidensopfer, dessen Gedächtnisfeier er in der Karfreitagsnacht beigewohnt, wirft ein junger Klosterbruder sich reuevoll und zerknirscht in der Zelle eines begnadeten und erleuchteten Altvaters diesem zu Füßen, beichtet ihm und erhält die Absolution mit den Worten des Herrn: 'gehe hin und sündige hinfort nicht mehr' (Joh. 8, 11). Schwerere Buße soll von dem auch körperlich leidenden Bruder zunächst nicht verlangt werden. Am Abend vor Ostern legt der Bruder nochmals ganze Beichte ab; er fühlt sich unwürdig, unter Menschen zu wohnen, und würde lieber wie die Tiere im Walde leben. Allein der Ältere ermuntert ihn ('gehabe dich wohl'), es stünde gut mit ihm und würde noch besser werden, er solle an heimlicher Stätte in seiner Gegenwart die

Messe lesen. Das geschieht unter Seufzern und Tränen. Nach dem Segen hat der Jüngere eine Vision. Er sieht für einen kurzen Augenblick die schönste, minniglichste Frauengestalt vom Altar herab sich ihm zuneigen. Den am Altar Niedergesunkenen hebt der Ältere auf einen herbeigeschafften Sessel, bis er wieder zu sich kommt. Der Jüngere bittet, ihm das Gesicht zu deuten, worauf der Ältere ihm sagt, es sei wohl die Gestalt unserer lieben Frau gewesen, nicht aber die Gottesmutter in ihrer ganzen Glorie, den Anblick würde er nie ertragen haben, er würde erblindet sein; sollte die Erscheinung sich wiederholen, so solle er es ihm mitteilen, denn auch die bösen Geister könnten solche Gestalt annehmen. Trotz solcher Begnadung sei er doch noch weit von dem Besten und Nächsten, zu dem der Mensch hier in der Zeit mit Gottes Hilfe gelangen könne. Das zu lehren vermöge aber keiner außer der heilige Geist; er wolle ihm aber den Anfang wenigstens zeigen, wie man 'zu dem aller Nächsten' komme. Da heiße es vor allem, Gott alle Untugenden durch Tugenden zu vergelten: Überwindung des Fleisches durch Kasteiung des Körpers, Hoffart durch Demut, Habsucht und Ungehorsam durch Freigebigkeit und Gehorsam, Zorn durch Sanftmut usw. Jede Tugend wolle geübt sein. Der junge Bruder solle ihm nicht zürnen, daß er ihm das alles so offen darlege. Dieser unterzieht sich nun während $1^1/_2$ Jahre der schweren Aufgabe der Selbstzucht und wird dann eines Tages bei der gemeinsamen Mahlzeit im Refektorium plötzlich entrückt. Mit einem tiefen Seufzer sinkt er regungslos an die Wand. Die Brüder, denen er besonders lieb geworden war, glauben, er sei tot oder vom Schlage getroffen, sie holen eiligst den Prior und den bei diesem verweilenden alten Bruder, seinen Beichtiger; auch ersterer denkt an einen Schlaganfall, der Beichtiger dagegen erkennt die Verzückung (*daz sint gûte mære!*) und rät, jeder solle ruhig in seine Zelle gehen, er würde selbst des Kranken warten. Allmählich kommt der Bruder, dem inzwischen ein Bett bereitet ist, wieder zu sich, ja er kann sogar mit

b

seinem Beichtiger zur Mettenzeit in den Chor gehen. Tags darauf teilt er dem Älteren mit, was er geistig gesehen: das Refektorium sei plötzlich in hellstem Lichte erstrahlt, ihn selbst aber habe solch Freudegefühl erfaßt, daß er habe fürchten müssen, in ein Jubilieren auszubrechen. Um dies noch einmal zu erleben, würde er gern den härtesten Tod erleiden. Der Beichtiger freut sich dieser Botschaft und deutet sie dem Begnadeten als Fortschritt seines geistigen Lebens, doch fügt er auch hier wieder die Mahnung hinzu, auf seiner Hut zu sein: die *schalkehten* bösen Geister würden weiter versuchen, ihn in ihre Gewalt zu bringen. Je größer die Gabe, um so nötiger auch die Vorsicht, sie zu bewahren und zu schützen. Verlaß dich einzig und allein auf den Herren selbst, der dir die Gabe verliehen. Gib jeden Eigenwillen auf, dann werden dir noch weiter große Wunder beschieden sein, die 'der Gemeinschaft der Christenheit gegenwärtig unbekannt' sind. Zu diesen höchsten Gaben Gottes gehört auch die Armut des Geistes. — Der ältere Bruder hat aus der hl. Schrift ein Büchlein zusammengestellt, au dem solle sich der Jüngere erheben, wenn er dessen bedürfe. — Nach sieben Jahren eines 'guten übenden' Lebens stirbt der jüngere Bruder, sein Beichtiger ist bei seinem Ende zugegen und erfährt vom Verstorbenen, daß er nur in der Todesangst das Fegfeuer empfunden habe, als die bösen Geister ihn bedrängt hätten. Als aber die Seele vom Körper geschieden wäre, hätten ihn die hl. Engel in das irdische Paradies geführt, aus dem er nach fünf Tagen fröhlich auffahren solle in die immerwährende ewige Freude.

Hierauf folgt als ein besonderer Teil das vom Beichtiger zusammengestellte Büchlein, das dieser dem jüngeren Bruder gegeben. — Von Luk. 17, 21 ausgehend, lehrt es, wie dem Menschen, der 'dem Fleische Urlaub gegeben', Gott gegenwärtig sei, als sehe er ihn mit leiblichen Augen. Er erscheint der Seele als heilender Arzt, als wegkundiger Führer, der ihr die *ellenden* Wege dieser Welt kurzweilig macht, als mächtiger

König, als Lehrmeister, wie er es seinen Jüngern war, und als höchstes: als liebender Gemahl im Sinne des Hohenliedes. Als die Wunden mit dem Öl des Erbarmens heilender Arzt verleiht Gott der Seele zwei besondere Gnaden: Vergebung der Sünden und ein reines Gewissen, das frei ist von aller Furcht. Als Wegeweiser begnadet er sie mit geistlichem Verständnis und brennendem Verlangen nach Andacht und guten Gedanken. Als König begabt er sie mit Reichtum (*gemahelschaz*) an Liebe, mit dem er sie fest an sich kettet, aus dem sie, nie ermüdend, vorsorglich spenden und den sie in Demut hüten soll. Als Meister trägt er ihr eine Lehre der Weisheit vor, die in den acht Seligpreisungen der Bergpredigt ihren Höhepunkt findet und sie befähigt, ganz nach Gottes Willen zu leben. Diese Weisheit heiligt sie auch und macht sie zum Gemahl des ewigen himmlischen Königs. Von der Liebe, der Freude, die ihrer wartet, muß alle Schrift und alle Rede schweigen, was den Verfasser freilich nicht hindert, sich, wie schon vorher, des öfteren für seine Ausführungen auf die hl. Schrift, auf Dionys, Augustin, Gregor und Bernhard zu berufen.[1])

Zeigt der erste Teil (bis 72, 38) den bekannten Typus und verwertet die auch sonst in der Gottesfreund-Literatur beliebten Motive und Wendungen, so ist das 73, 1 beginnende Büchlein ein ursprünglich selbständiger Traktat, der an das Vorhergehende angefügt wurde; stilistische Parallelen begegnen hier nicht, dagegen finden sich zahlreiche, wenn auch ungenaue Bibelzitate und Berufungen auf kirchliche Autoritäten (s. oben). — Im ersten Teil fehlt es nicht an Verstößen gegen die klösterlichen Gepflogenheiten, der sich diese Literatur, die den laienhaften Verfasser nicht verleugnen kann, auch sonst (z. B. in I) schuldig macht.

---

[1]) Bei der Feststellung der einzelnen Zitate aus Patristik und Scholastik in V und VI kam mir auch diesmal die schon oft gewährte Hilfe meines verehrten Freundes Karl Bihlmeyer zugute, dem dafür auch an dieser Stelle gedankt sei.

VI. Die sieben Werke des Erbarmens.

Nach der Vorbemerkung setzt sich das Stück aus verschiedenen Vorlagen zusammen, denen Rulman Merswin seinerseits aus innerstem Drange für seine Mitmenschen eingefügt hat, was er öffentlich aus Gründen der Demut nicht hätte aussprechen wollen. Aus dem Buche eines Juristen (!) habe er die sieben Werke des Erbarmens übernommen, die Gott in jedem Menschen bei Empfang des hl. Sakraments wirksam werden läßt. Aus einem zweiten, von bewährten Lehrern verfaßten Buche sind zu gleichem Zwecke die sieben Gaben des hl. Geistes entlehnt.

Es werden die Werke des Erbarmens und die Gaben des hl. Geistes [1]) im einzelnen durchgenommen unter häufiger Heranziehung der hl. Schrift und gelegentlicher Berufung auf Ambrosius, Augustin, Bischof Albrecht und einen ungenannten Lehrer (S. 90, 1 Anm.). Die Ansprache richtet sich an alle Gotteskinder und schließt mit dem Wunsche: möge Gott uns seiner selbst, d. h. für seinen *fronelichamen* empfänglich machen! — Anhangsweise ist kurz noch von vier Stücken die Rede, die der Mensch, will er das hl. Sakrament empfangen, geistlich an sich haben muß, wie Christus leiblich sie aufwies. Die Auslegung geschieht scholastisch-allegorisch und fällt stark aus dem Rahmen der Betrachtungsweise heraus, die wir bei Merswin und seinem Gottesfreund gewohnt sind.

VII. Nützliche Lehre an eine Jungfrau, mit vorangehendem Gebet.

Eine Lehre, denen gegeben, deren sich Gott vor anderen angenommen hat, insonderheit, und durch ein

---

[1]) Bei Tauler ed. Vetter 105, 32 ff. in umgekehrter Folge im Vergleich mit hier, ebenso (mit einer Ausnahme: statt Furcht: Gütlichkeit) bei Ruysbroek, den doch derselbe Merswin ein andermal ausschrieb, s. Engelhardt, Rich. von St. Victor und Johannes Ruysbroek S. 366 ff.

Gebet eingeleitet, einer ehrbaren Jungfrau von ihrem Beichtiger gewidmet, dem auch Rulman Merswin, der viel von seinen 'Heimlichkeiten' wußte, große Liebe entgegenbrachte. — Die Lehre ist sprachlich durchtränkt mit Anschauungen und Bildern aus dem ritterlichen Leben, wie wir solchen auch bei Seuse begegnen, nur daß hier der Appell an eine geistliche Tochter ergeht, die ein im Streit und Turnei der Leiden siegreicher Gottesritter ihres Geliebten und Gemahls werden soll, damit ihr am himmlischen Hofe von allen Engeln und Heiligen Ehre zuteil werde!

I.

Von zweier bairischen Klosterfrauen Leben (Margret und Katherine) 1378.

Diser zweiger nochgeschribener heiliger closterfrowen leben schreip der liebe gottes frúnt in Oberlant her abe unserme lieben stifter Růlemanne Merswine zů eime gebesserlichen tröstlichen exemplar. der selbe Růleman Merswin es den brůdern zů dem Grůnen werde mit sin selbes hant in eine wahstofele schreip des jores do men zalete von gottes gebúrte driczehen hundert sibentzig und ahte jor.

In dem jore do men zalte von gottes gebúrte dritzehen hundert jor und fúnfzehen jor zů den ziten do was ein frowencloster in Peygerlant, do gar erbere einfaltige frowen inne worent, die sich gar sere ůbetent mit singende und mit lesende und mit vil einvaltigeme gebette. und in den selben ziten worent zwo gar schöne riche wol gefrúnde jungfrowen in der selben stat und worent wol uffe dritzehen jor alt und hettent ire wonunge von kint uf mittenander gehebet und worent gar gůte gespilen unde was eine wuste, das wuste ouch die andere. nů befundent sie beide, das in junge man gar holt worent und zwene ouch gar grosse rede umb sú hettent, dar abe dise zwo jungfrowen gar sere erschrockent und wurdent beide mitteinander zů rote, also das sú one die welt und one alle man kúsch und reine bliben woltent, und gingent do beide mitteinander mit wol bedohtem

---

1 *die Überschrift rot.*

mŭte für unsers herren martelbilde und gelobetent
gotte vor dem bilde mit gar grosseme ernste das
sú kúsch und reine woltent bliben one alle man
und woltent unseren lieben herren Jhesum Christum
5 alleine zŭ eime gespuntzen und zŭ eime gemahele
nemmen und botent ouch got iren gemahelen zŭ
stunt, das er in zŭ helfe keme, obe es sin wille
wer, das er in danne húlfe an iren vetteren und
mŭteren, das sú es liessent ir wille sin, (62ª) das
10 sú in das closter zŭ den erbern frowen kement. und
do dis beschach, do gingent sú beide iewedere zŭ
irre mŭter und vatter und seitent den, wie es er-
gangen was und was sú gotte gelobet hettent one
die welt zŭ blibende und sprochent: nŭ lont es
15 alse gŭt sin und lont es durch got varn und tŭnt
rehte alse obe wir tot sint und helfent uns in das
closter, wenne es mag nút anders sin, was wir gotte
gelobet hant, das mŭs stete bliben. vatter und mŭter
erschrokent und rettent vil dar zŭ. do aber sú
20 sohent, das es nút anders mŏhte sin, do liessent sú
durch got abe und hulfent in mit grossen eren in
das closter und wart in gebuwen uf dem tormenter
an eime ende zwo schŏne nuwe zellen, die anenander
stundent, und mahtent eine türe durch die want,
25 wenne sú woltent das sú wol bi einander worent
rehte alse obe es eine zelle were. nŭ dise zwo
jungen frowen woltent nút ein jor beiten und totent
zŭ stunt gehorsame und wart in ouch do zŭ stunt
also gar ernest zŭ lerende, also das sú in eime
30 jore geleret wurdent, das sú sich wol ettewas ver-
gingent mit singende und mit lesende (do ringent
sú ouch zŭ stunt ane), und übetent sich mit gar
grosseme erneste in allen túgenden und mit sunder-
heite in den sehs werken der erbermede, wanne so
35 ieman út in dem closter gebrast, das were was es
wolte das sú ehte getŭn mŏhtent, so liessent sú
nút, sú koment eime jegelichen zŭ helfe noch allem
irem vermúgende mit grosser minne. alse gewunnent
dise closterfrowen alse gar grosse minne zŭ disen

beiden jungen frowen und sú liessent in ouch rehte
elle ire wisen und liessent sú rehte leben alse sú
woltent und sú kundent sich beide gar demůtikliche
getrucken und gehalten und alle ire wisen und
ůbungen die sú heimeliche mit gotte hettent gar 5
wol heimeliche verswigen und verbergen, und dis
hieltent sú alse lange untze zů der zit das sú drissig
jor alt wurdent. do beschach es do erst an einre
vastnaht do sú none gehulfent singen, do wurdent
dise zwo heiligen frowen mitteinander in ire kammere 10
gonde und wurdent bigenander sitzende und mitt-
einander von gotte redende, und wart eine zů der
andern sprechende: es ist hůte vastnaht. wie wilt
du roten, obe wir ouch unseren gespuntzen, unseren
gemaheln, betent und in ouch zů uns (62ᵇ) lůdent 15
also das wir ouch vastnaht mit ime hettent. do
sprach die andere: es gefellet mir wol, aber also,
obe es din wille si, das wir ime vor ein kleinôter
schenkent und uns beide abe ziehent und uns beide
mit den geischeln slahent, untze das wir sin beide 20
gnůg gewinnent. und sú slůgent sich do beide also
lange mit schraffen iserinen geischelen untze das in
das blůt umb und umbe abe flos und do dis be-
schach, do totent sú ire kleider wider ane und
sosent do beide aber wider zů sammene und wurdent 25
do usser gôttelicher minnen vil von gotte redende
und sprach eine zů der andern: sage mir, liebe
swester, es het mich ettewas frômede und wunder,
was der sachen ist, das wir zwo alse gar liebelos,
mager, dúrre und ettekômig ane zů sehende worden 30
sint. do sprach die andere: ach, vil liebe swester,
du solt wissen, das es mich nút wunder het, das
wir zwo alse gar ettekômig an zů sehende sint
worden. gedencke, liebe swester, do wir beide in
der welte worent, wie do zwene man súnderlingen 35
worent, die uns gar holt worent und uns ouch gerne
zů ewiben gehabet hettent unde do das nút sin
môhte und sú gesohent, das wir in dis closter
koment, do hortent wir zů den ziten beide wol

sagen, das sú beide dar noch gingent wol drú jor
zů serwende und ettekŏmig zů werdende. vil liebe
swester, so disen mannespersonen dis beschach noch
eime stinckenden unsuferen tŏtlichen lichamen, wie
5 woltest du denne, das es uns solte ergon? duncket
dich danne nút, das wir ouch gar múgeliche soltent
ettekŏmig werden, so es beschiht, das sich unserre
selen frŏide und hertzen fride und unser hertzelieber
gespuntze und gemahele sich vor uns verbirget und
10 sich zů manigen ziten nút ŏigen wil? ach, vil liebe
swester, wir sŏllent uns das nút lossen wunder han,
das wir dúrre und ettekŏmig sint worden ane zů
sehende, wanne natúrliche minne und gŏtteliche
minne gar ungelich gegenander zů zalende sint,
15 wenne einem minnenden hertzen einen tag one got
zů sinde, das ist ime alse were es hundert jore lang.
har umbe, liebe swester, lo dich nút wunder haben,
das wir ettekŏmig worden sint, wanne wir den lieben
bevintliche nút alle zit bi uns haben mŏgent. nů
20 lůge, liebe swester, wie soltent wir in der naturen
zů (63ª) genemmen? du weist doch wol, das die
lúte dusse mitteinander vastnaht habent. nů lot
uns unser gespuntze, unser lieber gemahele, hie an
der vastnaht liebelos, dúrre und one allen trost
25 sitzen, und sprichet men doch, wo zwey in sime
nammen gesamelt sint, do welle er der dirte sin,
es sige befintlich oder unbefintlich. har umb, vil
liebe swester, und ist es nů, das er mit siner frŏiden-
richen befintlichen minnen nů nút gegenwertig ist,
30 daz ist vil lihte unsers gebresten schult. nů in
diseme hindersten demútigen worte wart, do beschach
es, das ein schŏnes lieht umbeschein dise zwo also
bigenander sitzende in der kammeren und wurdent
in diseme lichte verzucket, also das sú beide von
35 in selber koment und blibent alse beide bigenander
sitzende von der vastnaht untze an den ersten
sunnentag der vasten. nů beschach es das die
priolin des closters die anderen frowen an dem
fritage frogende wart, ob ieman die zwo frowen

I.

kúrtzliche gesehen hette, do sprochent sú alle, das
sú ir nút gesehen hettent denne an der vastnaht,
do hulfent sú none singen. do sprach die priolin,
das ist zû lang und were es umb einen tag oder
umbe zwene, das were ettewas. aber alse vil zites 5
alse es nû ist, so rote ich, das wir unseren smit
besendent und in bittent, das er uns helfe das ir
túre uf kumme alse er aller heimelichest kúnne.
nû der smit der tet die túre gar stille swigende uf,
und sú fundent die zwo heiligen frowen rehte ufreht 10
bigenander sitzende und fundent zwei schône rote
rosenschappel uf iren hôbeten. dis nam die frowen
gros wunder, und ir ein teil sprochent: priolin,
wellent wir sú nút ane rúren und wellent sú er-
wecken? sú môhtent anders vil lihte sterben. do 15
sprach die priolin: nein, das súllent wir mit núte
tûn. wol duncket mich gût sin, das wir in die
schappel abe iren hôbetern nement und sú zû dem
besten heiltûme gehalten legent das wir hant und
wir die kammere denne wider besliessent und sú 20
lossent alse sitzen, alse lange untze das si got selber
lot wider zû in selber kummen, und súllent ôch
danne lûgen, das unser deheine út der gelich tû
alse obe wir ires dinges út befunden habent. nû
dar noch an dem sunnentage zû vesperzit wart, do 25
fûgete es got, das die zwo heiligen frowen wider
zû in selber gelossen wurdent und sprochent do zû
samene: wir sôllent rehte gon helfen vesper singen
und do von es danne vastnaht (63^b) ist, so sôllent
wir ouch gon in den convente essen unde sôllent 30
eine gemeine wise halten, also das man nút von uns
gemerken kúnne. nû do sú also in den kor koment
und hortent singen, do hortent sú an dem gesange
wol, das es übele gefaren was, wanne sú merketent
wol, das die vastnaht vergangen was und der erste 35
sunnentag in der vasten was. nû do die vesper
uskam und sú der noch in dem gemeinen refentor
gessen hettent und ouch dar noch gehulfent die
complete singen, do gingent sú ouch dar noch zû

stunt beide mitteinander in ire kammere, und sprach
do eine zů der anderen: vil liebe swester, wie het
uns unser gespuntze so gar grősliche geschendet,
das wir in sinen sachen vil jore verholen und ver-
5 swigen habent! do sprach die andere: vil liebe
swester, was sőllent wir hie zů tůn? wil er das
sine lossen zů schanden werden, do mőgent wir nút
zů getůn, wanne das wir ime das sine sőllent lossen
und sőllent in lossen tůn alse er wil und sőllent
10 wir dar zů swigen und sőllent in deheinen weg der
glich tůn alse obe wir út der von merckent. vil-
lihte übersehent sú es, also sú ouch me hant geton.
do sprach die ander: liebe swester, dirre zug der
het vil lenger geweret wenne es ettewenne be-
15 schehen ist. dannan von und beschehe es das sú
út mit uns der von redende wúrdent, so sőllent wir
in nút geswinde antwurten. wir sőllent uns nemen
dar umb zů berotende. also beschach es des andern
sunnentages der vasten noch der nonezit, das die
20 priolin ein cappitel mahte, also das die swestern
alle zů sament můsten kummen. nů die priolin wart
von andern sachen redende und rotes frogende und
do das us kam, do hůp sú do erst uf und sprach:
ir lieben zwo swestern Margrede und Katherine,
25 ich bitte úch von unserre swestern aller wegen, das
ir es durch gottes willen wellent tůn und uns sagent,
wie das zů kam, das ir úch alse lange mőhtent ent-
halten von der vastnaht untze an den sunnentag.
wir habent uwer wol ettewenne eine kleine zit ge-
30 mangelt, aber so lange alse es nů beschehen ist,
das befundent wir nie me an úch. har umb so
bittent wir úch, das ir got und uns dran erent und
uns sagent, was der sachen ist. do sprochent sú:
tůnt es durch got und lont uns nů zů mole der
35 van und (64ª) lont uns eine zit dar umbe beroten.
do sprach die priolin: ir mőgent uns vil jore uwers
lebendes unde uwers tůndes uf verzogen haben, also

---

6 was] das   16 so] sú

I.

das ir uns noch nie nút uwers dinges woltent ge-
sagen. sider das ir uns nů aber nút sagen wellent,
so wellent aber wir úch nů sagen, und nam do
die priolin die zwo heiligen frowen und fůrte sú
zů des closters heiltům und lies sú do sehen die 5
zwey roten rosenschappel und sprach do zů in: ir
vil lieben swestern, ir sŏllent wissen, do wir uwer
also lange vermissetent, do half uns got, das wir
mit unserme smide in uwer kammere koment und
fundent úch do beide bigenander sitzende alse ver- 10
zogen und fundent uf uweren hŏbetern dise zwey
schŏnen roten rosenschappel, das doch dirre zit jores
gar fromede ist, aber doch so wellent wir gerne zů
uweren dingen swigen, das ir uns wellent sagen
uwers lebendes, wie das ir har zů kummen sint, 15
wanne ich getruwe zů gotte, das ich und alle unsere
swesteren leben dar von gebessert werde. do sprochent
die zwo heiligen frowen: tůnt es durch got und lont
es also ston und lont uns mit unserme bihter zů
rote werden, der ouch unsers lebendes vil in der 20
bihte verstanden hat. also schiedent sú und koment
dise zwo heiligen frowen aber wider zů samene
heimeliche in ire kammere und koment es do mit
grosseme erneste an gote und botent iren gespuntzen
und manetent in dar ane, das sú sich zů ime ver- 25
truwet hettent und botent in, das er in wolte roten
wie das sú sich in disen sachen halten soltent. do
wart in in einre úbernatúrlichen wise zů verstonde
geben, das sú es an den bihter kummen soltent und
was sú der och hiesse, das soltent sú ouch tůn. nů sú 30
koment es an den bihter und seitent ime rehte die ding,
wie in got geton hette und wie ŏch die frowen befunden
hettent von den rosenschappeln und botent do den
bihter, das er es durch got tůn solte und in rot gebe, wie
das sú tůn soltent. do bekante der bihter wol ettewas 35
ires lebendes, wanne ir leben das hatte in dar zů
broht, das er ein heiliger ernesthafter man worden

---

12 rosen schappen   16 *lies* aller?

was, und dar umb so warf es der bihter wider uffe
sú. aber doch so sprach er zů in: duhte es úch gůt
sin und gebe es úch got zů tůnde, sider das sú
doch befunden hant von den roten rosenschappellen,
5 so were mir liep, das ir in durch der gemeinde
besserunge (64ᵇ) (und) der frowen heimeliche und in
bihte wis dar von sagen soltent, wie es úch uffe
dise zit dirre vastnaht in aller wise ergangen ist,
und sagent in nút me, got welle es danne von úch
10 haben, und were es aber, das si sich nút woltent
lossen begnůgen, so sprechent, ir wellent uwerme
bihter gehorsam sin und dem wellent ir uwer leben
sagen, das er es abe schribe, wenn ir denne er-
sterbent, das men es denne doch húnder úch fúnde.
15 und dise zwo heiligen frowen totent also und be-
sameltent die priolin und die andern frowen alle
und sprochent do: liebe priolin und ir lieben swesteren
alle, ir hant uns gebetten, das wir úch unsers tůndes
ettewas sagen sôllent. das wellent wir tůn und ir
20 sôllent wissen, das wir úch nů sagen wellent: das
beschach zů dirre gegenwertigen vastnaht. do wir
gehulfent none singen, do gingent wir zwo beide
mitteinander in unser kammere und wurdent do
mitteinander mit gar grosseme erneste von gotte
25 redende und úbetent uns do mit grosseme erneste
mit slahende unseren lichomen und gewunnent do
grossen jomer noch unserme gespuntzen und wurdent
do mit munde und mit hertzen sprechende: ach, lieber
got und unser vil lieber gespuntze und gemahele,
30 es ist vastnaht, so hant die lúte dusse alle vast-
naht. nů hettent wir ouch gerne vastnaht mit dir.
so sitzen wir hie und habent nů keinen trost, und
das duncket uns gar múgelich, das wir liden habent.
also do wir in dirre grossen begirde worent noch
35 unserme gespuntzen und jomer noch ime hettent
untze nohe an die vesperzit, do beschach es, das
ein luters helles schônes lieht kam, also das unser
kammere alse vol liehtes wart, das wir sin nút er-
liden môhtent, also das wir beide von uns selber

koment und verzucket wurdent. aber alse ir sagent,
wie das ir rote rosenschappel uf unser höibetern
fundent, do wissent wir nút von zů sagende. nů
lieben swestern, nů zů male súllent wir úch nút
me sagen. aber so wir nů ersterbent, danne so 5
sóllent ir wol von unserme bihter befinden, was
got in uns, sinen armen unwirdigen creaturen ge-
wircket hat, und gent ouch gotte die ere mit uns,
wanne alle goben und eren gottes sint, und legent
uns nútznút zů, wanne wir von uns selben nút 10
wissent wanne von gebresten zů sagende. nů do
dise zwo heiligen frowen dise ding den anderen
closterfrowen, iren swesteren, geseit hettent, do
wurdent (65ª) der closterfrowen vil von gebessert
und mit sunderheite eine frowe under in, die do 15
eine wittewc in das closter kummen was. die ging
dar noch an dem fúnften tage an der zweyer heiligen
frowen kammere und kloppfete in, und zů stunt do
sú hin in kam, do viel sú crútzewis fúr sú nider
und weinde alse vaste, das es von ir flos, und sú 20
hůbent sú balde uf und sattent sú zů in und liessent
sú wider kummen und sprochent do zů ir: liebe
swester, sage uns, was dir ist oder waz bristet dir,
dar umbe du dich alse gar sere úbele gehebest?
do sprach sú: ach, ir vil lieben swestern, solte ich 25
mich nút úbele gehaben? ich habe mine zit lange
in der e der welte noch verzeret und besserte nů
min leben gerne und weis nút, wie das ich es ane
gefohen sol, und ich bitte úch, das ir den tot unsers
herren (an mir eren) wellent und mir armen sún- 30
derin weg und wise wellent geben, wie das ich uf
ein gewor sicher leben kumme. do rietent sú ir
und sprochent alsus: unser vil liebe swester, wir
sagent dir das wir wol wissent, das der lieben sant
Elsebetten leben, die ouch eine wittewe was und 35
dar zů eine grosse edele frowe, hie in dem closter
geschriben ist. das nim fúr dich und volge ir mit
der helfe gottes noch, alse verre du vor dem orden
kanst und maht. sich, vil liebe swester, so mag

ouch wol ein grosser heiliger usser dir werden. nů
dise wittewe die volgete in und nam des lebendes
der lieben sancte Elsebette war und volgete ime
alse verre sú kunde oder mŏhte, doch mit urlobe
5 ires ordens, und sú ůbete sich gar sere in den sehs
wercken der erbermede und ouch in gar vil grossen
versmeheten wercken, die der naturen gar sere wider-
wertig worent, und sú ůbete sich alse vil und alse
lange, untze das sú alle ire unart us geůbete und
10 und ouch eine gar grosse heilige frowe wart, mit
der got bi irme lebende gar vil grosser heimelicher
übernatúrlicher werke wúrkende wart. nů do dise
zwo heiligen closterfrowen wol viertzig jor in eime
grossen gebesserlichen strengen lebende worent gesin
15 in grosser ůbunge, do kam die zit, das der erbarm-
hertzige got sine zwo lieben gespuntzen und ge-
mahelen zů ime nemmen wolte, und die eine Mar-
grede die wart siech und lag fúnf tage und starp.
die andere mahte sich zů stunt, do sú gestarp, an
20 ir andeh(65ᵇ)tig heimelich gebet und bat fúr ir
liebe swester Margrede und bat mit grosseme erneste
und manete got, iren vil lieben gespuntzen und ge-
mahelen, alse vil und alse hohe alse sú in gemanen
mŏhte, und were es sin wille, das er ir zů verstonde
25 gebe, wie es umb ire liebe swester Margrede stúnde.
also lies sú got in dirre ernestlichen bette nún tage.
do wart ir do in einre úbernatúrlichen wise zů ge-
sprochen: sich, Katherine, liebe gespuntze und
gemahele mine, du solt wissende sin, das dine liebe
30 swester Margrede, das der sele von den engelen
genummen wart und wart gefůret in das irdensche
paradis, do sú kein liden von den túfelen noch in
allen sachen me haben sol. aber sú můs der ane-
gesihte gottes drissig tage mangelen. aber wanne
35 die us kummet, so solt ouch du danne us der zit
genummen werden und solt denne zů ir gefůret
werden, und denne sŏllent der reinen engele gar
vil zů úch kummen und sŏllent úch beide sunder
mittel uf zů uwerme gespuntzen und gemahele fúren

I.

in die ewige frôide und sôllent do bi ime und mit
ime in ewigeme lebende der megede und der marteler
lon ewicliche haben. nů do es beschach, das fúnf
und zwentzig tage fúr koment, do wart dise heilige
frowe Katherine ouch siech und starp ouch an dem 5
fünften tage dar noch. was do got mit diser zweiger
heiligen frowen sele tet, das wart dar noch nieman
gewar. sú wurdent beide in ein grap geleit. do
beschohent wol ettewas offenborer zeichen uf irme
grabe, anders wart men nút me von in gewar. nů 10
do dise zwo heiligen frowen ersturbent und sú got
alsus zů ime genam, do ging die priolin mit den
anderen iren frowen dar und besantent iren erberen
bihter, einen heiligen man, und sprochent zů ime:
lieber herre, lont úch gedencken, das unser zwo 15
heiligen swestern uns gelobetent, alse ir wol wissent,
wenne es beschehe, das sú beide erstúrbent, das ir
uns danne soltent alles ir leben geschriben geben. nů
der bihter der gap es in geschriben. aber er gap es
in mit gar kurtzen stumppfen einfaltigen luteren worten 20
geschriben und was der anevang ires lebendes alsus:

Do dise zwo heiligen frowen zwey kleine kint,
zwey tôhterlin wol siben jor alt worent, do wurdent
sú gar holt einander und wurdent mitteinander gar
gůte gespilen und ire můter fúrtent si vil mit in 25
zů messen, und súnderliche in der vasten do fúrtent
si sú vil zů bredigen und do wart in das liden unsers
herren infallende und lertent ouch (66ᵃ) das liden
unsers herren dar ane vil zu gedenckende und viel
in von zit zů zit ie me und ie me in und tribent 30
das alse lange untze das sú zwo schöne jung-
frowen wurdent wol dritzehen jor alt. do befundent
sú, das in junge man holt wurdent, alse do vor in
dem anefan(ge) geschriben stot, wie sú ire kúschikeit
gotte gelobetent und in das closter koment und zů 35
stunt do sú dar in koment, do wart in das liden
unsers herren noch verre me ingonde dar noch zů
betrahtende, denne es husse tet, und wenne sú ge-
denckende wurdent, das ir gespuntze, ir gemahele

alse gar grosse gruweliche martel von luterre minnen
durch iren willen erlitten hette, so beschach in also
we dar abe, das sú gar múgelich duhte, das sú ouch
durch sinen willen gar billiche liden soltent, und
5 wenne in das gegenwertig was, so beschach es gar
dicke und zů manigen ziten, so in das liden alse
gegenwertig was, das sú denne noment iserine sni-
dende geischelen und slůgent sich selber alse sere,
das in daz blůt umb und umb abe flos. aber der
10 barmhertzige got, ir vil lieber gespuntze und ge-
mahele, der troste sú verbôrgenliche und kam in
zů helfe und erluhte sú danne mit siner úbernatúr-
lichen sůssen trôstlichen gnoden, also das sú von
in selber koment und verzucket wurdent, das sú zů
15 manigen ziten blibent einen gantzen tag und eine
naht also sitzende, und wenne sú denne wider zů
in selber gelossen wurdent, so fundent sú das sú
danne an allen irme libe alse gantz und also heil
worent worden, alse obe sú sich nie verseret noch
20 geslagen hettent, und wanne in das beschach, das
sú befundent, das in ir gespuntze und ir gemahele
alse gar frúntliche ubernatúrliche frôliche ergetzet
hette alles ires wewes, wanne danne ir gespuntze
und ir gemahele dar noch zů lange was, also das
25 sú siner sůssen gegenwertikeit nút gewar wurdent,
so duhte sú danne das sú der sůssikeit sines trostes
nút wirdig werent, wenne er durch sú in grosseme
lidende in der zit were gesin und dar zů one allen
trost. wanne sú hie noch wurdent gedenckende, so
30 wurdent sú aber bedenckende und betrahtende das
liden unsers herren und noment danne dar noch
aber zů stunt die geischelen und slůgent sich danne
aber, das in das blůt umb und umb über (und) abe flos.
so kam danne aber ir gemahele und troste sú alse
35 gar úberflússiklich in also grosseme úbernatúrlicheme
troste, do keine zunge (66^b) von gesprechen mag,
wenne die sinne môgent sin nút verston. und in
disen selben übungen worent dise zwo heiligen
jungen frowen wol súben jor, und do die us koment,

I.

do beschach es zů einer zit one alles ůben irre
naturen, das sú von in selber koment und verzucket
wurdent und wurdent in ein úbernatúrlich lieht ge-
zogen und wart in in diseme selben zuge dis liehtes
geoffenboret und in einer úbernatúrlichen wise zů
gesprochen, das sú sich selber nút me soltent slahen
noch alse strengliche ůben, und sú soltent sich nů
gotte irme gespuntzen und irme gemahele lossen und
der wolte sú ouch nůmehin selber meisteren und
ůben, obe sú mit irme eiginen frien willen selber
woltent. dis dinges worent sú gar fro und wol ge-
můt und wurdent an ir gebet gonde und wurdent
sprechende mit munde und mit hertzen: unser herre
und unser got und unser vil lieber gespuntze und
gemahele, du weist wol, das wir uns dir ze grunde
gelossen und gegeben hant. wo wir uns har ane
gesumet hant, das wir nút enwissent, das bessere
aber du, es tů uns we oder wol. vil lieber gespuntze
und gemahele, du liesse dich selber dime himelschen
vatter untze in den dot, soltent wir uns danne dir
nút lossen? du solt mit uns tůn beide in zit und
in ewikeit alse du wilt und nút in deheinen weg
alse wir wellent. und do got dise grosse verwegene
gelossenheit in in vant, do verbarg er sich vor in
und lies sú zestunt one allen bevintlichen trost ouch
siben jore und in disen selben siben joren do lies
sú got, daz sú geůbet wurdent in aller hande der
wůstesten unreinesten grobesten bekorungen, und sú
worent alse einvaltig und bihtetent es allessament
irme bihter und sú bihtetent also gar grosse gruwe-
liche bekorungen in manigvaltiger wise von unkúschi-
keit, also das es gar schade were, das men der von
sagen solte. hie von bihtetent sú alse vil, also das
es im der bihter verbieten můste und wart in sagende,
das es nút súnde were, wanne got der verhinge die
bekorungen über sú, also das er sú wolte ůben mitte,
das sú in lidende werent. es ist zů gloubende, das
die zwo reinen kúschen heiligen frowen me von
solichen unreinen unkúschen dingen wustent, das in

I.

alles der túfel von gottes verhengnisse intrůg und
inblies, das sú sin me wustent, doch one die werg,
danne das bôste wip weis, die zwentzig (67ª) jor
zů velde gelouffen ist. nů was disen zweyen heiligen
5 frowen gar we mit disen unreinen bekorungen, und
do sú wol súben jor in gar grosseme lidende dinne
worent gesin, do wurdent si uf eine zit das liden
unsers herren mit gar grosseme erneste ane růffende
und botend got, iren gespuntzen und iren gemahelen,
10 mit gar grosseme erneste, das er in abe neme dise
grossen manigvaltigen unreinen lidenden bekorungen
und in anders gebe zů lidende, das liden were wie
swere und wie gros es welle, das woltent sú lieber
haben danne die unreinen wůsten bekorungen. do
15 wart in in einre úbernatúrlichen wisen zů verstonde
geben, obe sú danne lieber haben woltent also das
sú der túfel selber zů ettelichen ziten ůben môhte.
do sprochent sú: jo, das were uns gar vil lieber,
wenne wir getruwent wol, wenne wir uns mit dem
20 glouben und mit dem woffen des crútzes gesegenent,
das uns danne der túfel nút getůn mag. alse ge-
werete sú got und nam in alle ire grossen unreinen
bekorungen abe, und sú worent sin gar fro. aber
an dem dirten tage do sossen dise zwo heiligen
25 frowen bigenander in irre kammeren und woltent
gerne ettewas gerůwet haben, und do sú also sossent,
so tůnt zwene junge man die túre uf und sprochent
zů in: nů mag es nút anders sin, ir můssent unser
wiber sin. sú ergullent und schruwent mit einre
30 grossen stimme noch helfe. die frowen in dem
closter alle die es hortent, die erschrokent gar sere
und koment alle louffende und fundent ire kammer-
túre wit offen und sú sprochent: ir lieben swestern,
wie hant ir uns so gar sere úbele erschrecket, bristet
35 úch út? do sprochent sú: nein, es sol gůt rot
werden. lont es rehte alse gůt sin. wir woltent
ettewas gerůwet haben, do kam neiswas und tet
uns die túre gar geswinde uf, do abe wir gar sere
erschrokent. aber wer es tet, das kúnnent wir nút

gar wol wissen. har umb, ir lieben swestern alle,
so bittent wir úch, das ir es durch got tůnt und
uns vergent, das wir úch erschrecket hant. alse
liessent es die frowen alse gůt sin, wanne sú in
gar wol getruwende worent, und frogetent sú do 5
nút fúrbas. nů abe disen dingen erschrokent dise
zwo heiligen frowen und sprochent alsus zů samene:
wir sehent nů wol, das es nút anders mag sin, wanne
wir uns drin geben hant, also das wir got, unseren
gespuntzen, unseren gemahelen, durch den túfel uns 10
wellent lossen úben, das si in welerhande lidender
wise das welle, (67ᵇ) des súllent wir uns in deheinen
weg nů niemer me geweren noch nút begeren noch
heischen wanne alse er wil, und sŏllent uns nů
gantz und gar gotte unserme gespuntzen und ge- 15
mahelen zů grunde lossen und geben und in lossen
tůn mit dem sinen, alse er wil und nút me alse wir
wellent, wenne wir sehent nů wol, das unser heischende
begirde alles mit unserre naturen vermúschet ist
gesin. noch disen dingen do beschach es in gar 20
kurtzen ziten, das der túfel kam in der naht do sú
beide slieffent, und weckete sú us dem sloffe uf.
do sohent sú, das die kammere voul liehtes und
voul engele was, und sprochent zů in: nů knuwent
nider und bettent uns ane, wanne wissent, das wir 25
die erlúhteten engele sint, úch von gotte gesant,
das wir úch zů helfe kummen sollent wider alle
unart der bekorungen, und ie me sú si hortent reden,
ie ungehúrer in wart. also beschach es, das sú si
beswůrent bi der heiligen trivaltikeit, das sú in 30
sagen soltent in der worheit, die got ist, wer sú
werent. zů stunt do sú das gesprochent, do fůrent
sú ouch zů stunt in eime gar grossen starcken un-
gehúren windes getŏse us von in und liessent aber
hinder in den aller grŏsten bŏsten unreinesten ge- 35
smag, der über die sinne ist, also das die zwo
heiligen frowen wondent verzagen, also das sú ge-

---

12 das s.

dohtent, die selen soltent zů stunt von irme libe
scheiden. und dirre dinge der geschach in gar vil
in maniger hande wise. ettewenne so sú gerne
gerůwet hettent und logent und slieffent in der
5 naht, so kam der túfel und zoch sú beide zů mole
bi den beinen abe dem bette an die erde. so
růftent sú got ane und beswůrent in denne aber,
do fůr er denne aber in eime windes getőse us von
in, und lies danne aber den bősen úbelen gesmag
10 hinder ime, do abe in aber gar we von beschach.
nů beschach es zů einre nonezit, do dise zwo
heiligen frowen bigenander in der kammeren sossent
und bůssetent einre armen frowen einen rock, do
kam der túfel zů hant noch der nonen bi schőneme
15 tage in glichnisse alse werent es zwo gar schőne
herliche jungfrowen und hettent uf iren hőbetern
zwo lúhtende schőne gúldin cronen und hette ie-
wederre ŏch eine krone also in iren henden und
sprochent zů in: nů sőllent ir nút erschrecken,
20 wanne wir sint die zwo jungfrowen noch den ir
geheissen sint Katherine und Margrede. ie me sú
in seitent, ie ungehúrer in geriet werden, und ge-
truwetent in nút gar wol uud sú mahtent ein crútze
fúr sich. do sprochent sú: sehent ir nů, das ir
25 uns wol getruwen mőgent, (68ª) wanne wir uwer
frúnt sint und uns got, uwer gespuntze, zů úch ge-
sendet het, und wir sőllent úch von sinen wegen
schenken dise zwo gúldin cronen zů lone umb alle
die grosse erbeit die ir durch sinen willen erlitten
30 hant, und meinet ŏch, das ir nů gnůg erlitten hant,
und har umb so nement nů dar zů dise zwo kronen.
und sú totent alse woltent sú si in uf ire hőbeter
setzen. do wart in alse angest und also ungehúre,
also das sú aber ein crútze fúr sich mahtent und
35 beswůrent sú ouch dar zů bi der heiligen trivaltikeit,
also das sú in der rehten worheit sagen soltent,
was sú werent oder wer sú werent. do zů stunt
wart, do fůrent sú aber in eime starcken windes
getőse enweg und liessent do aber den unreinen

bösen übelen gesmag húnder in. des gesmackes
sú aber gar zů mole krang wurdent. do noch
beschach es aber, das der túfel zů einer zit zů mitter
naht kam mit einre grossen schar der túfele und
worent die alse gar gruweliche, vörhtliche, ungehúre 5
ane zů sehende, do von nút zů redende ist, wenne
es menschen sinne unbegriffenliche ist. und in aller
der ungehúren gruwelichen gestalt, obe daz sú do
zů in selber kummen möhtent, do noment sú die zwo
reinen jungfrowen gar geswinde bi den beinen und 10
zugent sú after der kammeren und sprochent zů in:
nů mag es nút anders sin, die zit ist nů hie, ir
můssent mit uns in die ewige helle. do růftent sú
mit gar grosseme erneste den sůssen namen Jhesus
Christus ane und botent in, das er in zů helfe keme. 15
zů stunt do sú das erhortent, do liessent sú gar
einen ungehúren grossen geschrey us in und fůrent
ouch do mitte mit eime gar ungehúren grossen windes
getöse enweg und liessent in do aber gar alzů mole
einen bösen unreinen úbelen gesmag, von dem sú 20
aber gar krang wurdent. nů von dirre gesihte und
von dem ane griffende, daz sú si ane griffent und
sú ketschetent und abe dem bette gezogen wurdent
in manigerhande wise und ouch von den úbelen
jemerlichen unreinen gesmecken, die sú zů allen 25
ziten húnder in liessent, do beschach es zů hinderst,
das dise zwo heiligen frowen alse gar krang von
diseme grossen unmessigeme lidende wurdent, das
sú von den túfelen erlitten hettent, das sú in der
naturen rehte nút me enmöhtent und wurdent zů 30
bette ligende, rehte in solicher krangheit ane zů
sehende, das die frowen zů manigen ziten nút won-
dent, sú zúgend hine. nů do dise krangheit vil zites
gewerete, do beschach es zů einer zit also, das sú
in einer úbernatúrlichen wisen alse vaste vertzogen 35
wurdent, und was daz in der (68ᵇ) zit alse die naht
zů ging, und die frowen, die bi in worent, die won-
dent nút, sú werent dot und sú woltent das toten-
gebet geton haben, do sprochent ir ein teil: das

2

súllent wir nút tůn, wir sóllent sú gotte befelhen
und súllent wir an unser růwe gon und wenne wir
noch hinnaht mettin gesingent, so sóllent wir besehen,
wie es umbe sú stande. nú do es in der naht wart,
5 do beschach es, das dise zwo frowen wider zů in
selber gelossen wurdent und in kraft von gotte wart,
also das sú beide zů mettin gonde wurdent unde
hulfent mettin singen und totent rehte slehtekliche
gegen den frowen, alse obe es in nút were, und
10 die frowen worent ouch gůte einfaltige frowen und
swigent ouch und woltent sú nút bekúmbern, aber
es nam sú doch gros wunder in iren sinnen, wie
es ergangen were. nů do dise zwo heiligen frowen
dise grose manigfaltige martel und pine von den
15 túfelen drú jor erlitten hettent, do kam der erbarm-
hertzige got, ir gespuntze, ir vil lieber gemahel, zů
einer zit zů in und ouch bi schóneme tage noch
einre nonezit, also das ire kammere durchglentzende
und durchlůhtende wart, also das die kammere alse
20 gar foul heiters schónes úbernatúrliches liehtes wart,
also das sú des liehtes nút erliden móhtent und
von in selber koment und verzucket wurdent, und
wart in in diseme selben grossen úbernatúrlichen
zuge in einre úbernatúrlichen wisen zů verstonde
25 geben und zů in gesprochen: ir mine vil lieben
gespuntzen und gemahelen, ir sóllent nů fúr wor
wissende sin, das min himelscher vatter ane gesehen
het uwer gehorsames gelossenes demútiges getultiges
langwerendes liden, und ir sóllent nů wissen, das ir
30 alles uwers lidendes beide in zit und in ewikeit
wol ergetzet sóllent werden, und alse lange ir noch
hie in der zit bliben můssent, die selbe zit die
sóllent ir demůtikliche und gelessenliche halten und
liden und sóllent ouch nů rehte alle uwer ersten
35 ane vohenden wisen und ůbungen einfaltikliche wider
ane heben und sóllent mime lebende, mime lidende
und mime tode aber noch gedencken. und were es
danne, das es aber beschehe, das úch die minne do
zů twingende wúrde, also das ir úch aber selber

wúrdent gar sere ane griffende und úch wúrdent
faste slahende, do wissent, das sol úch hie in der
zit wol vergolten werden in alsolicher wise, das ir
úbernatúrlichen friden und úbernatúrliche grosse frŏide
in dem heiligen geiste bevindende werdent, also das 5
der fride und die frŏide also gros wurt, das uwere
natúrlichen hertzen keine betrŭpnisse noch kein gros
leit in dirre zit niemer me ge(69ᵃ)war sŏllent werden.
nŭ do dis beschach und sú dis zuges wider zŭ in
selber gelossen wurdent, do befundent sú zŭ stunt 10
in ir selbes sinnelicheite wol, alse vil alse es die
sinne begriffen mŏgent, und wurdent alle dise ding
merkende, die in in diseme zuge geoffenboret wurdent,
und sú worent ouch zŭ stunt gehorsam und vingent
ouch do rehte wider ane alle ire alten ane vohenden 15
wisen und gedohtent aber mit gar grosseme erneste
dem lebende, dem lidende und dem tode unsers
herren noch, und do sú dis wol uffe fúnf wochen
getribent, do beschach es zŭ einer zit, das sú mit gar
grosseme sunderberen erneste wurdent gedenckende 20
noch dem lebende und lidende ires vil lieben ge-
spuntzen und gemahelen, und do sú in diseme grossen
erneste worent, do beschach es, das alse gar grosse
minne in sú fallende wart, also das sú alse gar hitzig
und enbrant wurdent von minnen, das sú zŭ stunt 25
ire kleider us zugent und slŭgent sich selber, das
in das blŭt umb und umbe úber abe flos, und des
wurdent sú ouch in irre naturen gar krang und in
diser selben krangheit koment sú aber von in selben
und wurdent verzucket in ein sunderber gar grosses 30
úbernatúrliches lieht und do befundent sú do erst
inne rehte grosse nuwe gracie, nuwe úbernatúrliche
grosse unsegeliche úbersinneliche frŏideriche gnode,
also das von dem úberflusse des heiligen geistes ire
natúrlichen menschlichen hertzen alse gar foul friden 35
und frŏiden wurdent, also das sú untz in iren dot
nie keins grossen wewes noch lidendes nie me

---

8 sol   13 geoffenboren   27 úber abe, *vgl.* 12,33, *wo
der Einschub von* unde *wohl voreilig war*.

befundent und in dar zů alles ires grossen lidendes
vergessen was, und alse gar bleich totfar, alse sú
die ersten sibentzehen jor worent ane zů sehende,
alse schöne röselehte wolgeverwet lebelich und ouch
5 frölich wurdent sú dar noch ane zů sehende und
dis bleip in ouch do noch untze in iren tot und
hettent ouch dar zů mit allen den frowen, die in
dem closter worent, gar eine gemeine götteliche
fröliche wise öch untze in iren tot, also das den
10 frowen in der gnoden unde in der naturen wol mit
in was, wanne was sú toten, do wurdent sú von
gebessert. nů das men mit kurtzen worten befinde
dirre zweyer heiligen closterfrowen leben, so ist ze
wissende, das sú die ersten siben jor, alse sú in das
15 closter kummen worent, gar in grosseme jubele lebende
worent und doch iren lip mit grosser hertikeit ane
griffent. aber dar noch beschach es, das got siben
jor nohenander über sú verhing, also das sú mů́sten
haben und liden die aller grösten gruwelichesten
20 unreinesten bekorungen, das nút gůt were, das men
der von sagen solte. nů beschach es noch disen
siben (69ᵇ) jaren, das got über sú verhing drú jor,
das er dem túfel gewalt gap, das er sú selber mit
manigvaltiger grosser übungen möhte befintliche und
25 gesihtekliche ane griffen, und dis můstent sú liden
in manigerhande grosser pine und martel, die in die
túfele dise drú jor ane totent. nů diser jore zů samene
der was sibentzehen jor, also das dise zwo heiligen
frowen in diseme closter worent gesin, das alles ir
30 leben noch verswigen bliben was und nieman nút
von in befunden hette. und got der verrůgete sú
selber noch den sibentzehen joren, wanne es beschach
in dem winter, do sú alse lange vertzogen sossent
und die closterfrowen die zwey rosenschappel uf
35 iren höibetern fundent. nů beschach es, das dise
zwo heiligen frowen noch den sibentzehen joren
drú und zwentzig jor in der zit bliben můstent.

---

34 *nach* und: in *oder* ıu̇ *getilgt.*

also worent sú zů samene viertzig jor in diseme
clostere. aber in den hindersten ziten der drú und
zwentzig jore die selbe zit lebetent sú in grosseme
friden und worent alle zit frólich und wol gemůt
untze in iren tot. 5

II.
Das Fünklein in der Seele.

Das fúnckelin in der selen, das der heilige
geist noch vil grosser bekorungen tůt wahssen in
eime iegelichen got minnenden menschen alse lange,
untze das zů júngest ein gros inbrúnstig hitzig
minnenfúr dar us wurt. 10

Es beschach eine zit, das ein junger brůder wart
gonde zů eime heiligen altvatter und wart mit ime
redende und sprach alsus zů ime: vil lieber vatter,
ich bitte úch, das ir es durch got tůnt und mir einer
froge wellent antwurten, die ich úch frogen wil. 15
und ist die froge alsus, das mich ettewas gros wunder
het, wie das es kummet, das ich und ouch andere,
die min gelich sint, alse gar lútzel und wenig der
grossen úbernatúrlichen gótttelichen minnen in uns
befindende sint. wir redent wol vil und sagent vil 20
dar von und wurt uns doch gar lútzel und wenig
be(82ª)kant, und uns wurt ouch gar dicke und vil
in den sermonen dar von geseit und hilfet alles nút:
wir blibent alles in unserme tůnde und wissent nút
dar von zů sagende. lieber vatter, ich wil úch 25
bitten, das ir gótteliche ere und sinen bitteren tot
wellent ane sehende und erende sin und mir ettewas
hie von wellent sagen. do sprach der altvatter:
ach, vil lieber sun, was sol men hie von sagen?
ich wil dir sagen, lieber sun, vor fúnftzig joren, do 30
ich noch do ein knabe was und under der welte

---

6 *die Überschrift rot.*

II.

wonende was, in den selben ziten do was ein sprichwort also das die lúte sprechende worent: die katze die ehsse gerne die vische, aber sú wil nút dar noch in das wasser watten. also ze gelicher wise tûnt
5 ouch nů die múrwen gůthertzigen menschen. die wellent sich ouch nút do noch ůben, also das in úbernatúrliche gôtteliche minne ettewas bekant môge werden. do sprach der junge: ach lieber vatter, ich begere an úch, das ir mir hie von ettewas sagen
10 wellent, wie das der mensche ane vohe und wie das er tûn sol oder was er tûn sol, also das er geleret werde, das ime ettewas úbernatúrlicher gôttelicher minnen bekant werde. do sprach der altvatter: ach, lieber sun, du solt wissende sin, das es
15 eime unerstorbenen menschen, das es deme gar herte zů lerende ist. du solt wissen, lieber sun, das es nút wol zů geloubende ist, daz dehein mensche zů der hohen grossen erwúrdigen úbernatúrlichen sůssen gôttelichen minnen kummen môge, er habe sich
20 danne e durch alle sine nature gewoget und durchbrochen, do sich die lúte, alse es nů stot, gar nôte lont durch wisen, wanne sú mûstent irre naturen in allen unnotdúrftigen sachen abe gon und zů grunde sterben. aber, lieber sun, alse es nů stot, so wil
25 sich gar wenig menschen demůtigen und lossen durchbrechen und sich gotte zů grunde lossen. und do von, lieber sun, zúrne sin nút. har umb so ist ouch, das dir selber und ouch anderen gůtwilligen gůtschinenden menschen die grosse sůsse úbernatúrliche
30 minne verborgen und unbekant blibet. do sprach der junge: ach, hertzelieber vatter, har umb so mane ich úch aller gôttelicher truwen, also das ir wellent ane sehen die grosse grundelose erbermede gottes, die got het zů allen ruwigen widerkerenden súndern,
35 und mich armen súnder wellent leren, wie das ich tûn sol oder was es ist das ich tûn sol, also das ich geleret werde, das mir gewore gôtteliche minne ettewas befintlich und úbernatúrlich bekant werde. do sprach der alte: ach, lieber sun, du manest mich

II.

alse gar hohe und ouch noch alse gar grossen
hohen sachen, die doch unsegelich und unsprechenlich
sint, wanne sú dem heiligen (82ᵇ) geiste zů gehôrent.
aber, lieber sun, wie das disen dingen ist und ich
wol sihe, das dir alse gar ernest ist, so ist es min
gůt wille, also das du úber drige tage her wider
zů mir kummest, und ist es denne, das mir út von
der gnoden des heiligen geistes wurt, also das ich
mit dir reden mag oder sol, was das ist, das wil
ich danne rehte gerne tůn. also schiet dirre junge
brůder von dem altvatter und kam aber úber drige
tage wider zů ime. do wart der alte sprechende:
ach, lieber sun, du solt wissende sin, das mir wol
von der gnoden des heiligen geistes wol ettewas
worden ist, also das ich von der sache wegen, alse
du mich gebetten hest, wol mit dir reden mag, und
ist der rede alse vil, alse sú mir gegeben ist, das
ich gedoht habe, ich welle es alles schriben, alse
es got, der heilige geist, gebende ist. und, lieber sun,
nů kum aber úber drige tage her wider, so sol ich
dir es alles sagen und geschriben geben, aber mit
alsolicher gedinge, das du mir gelobest, die wile das
ich lebe, das du deheiner creaturen niemer gesagest,
das ich dir es geschriben geben habe. nů aber úber
drige tage wart, do kam aber dirre junge brůder zů
dem altvatter. do sprach der alte: lieber sun, ich
habe dir vil dinges geschriben, das dir von der
gnoden des heiligen geistes durch sine arme un-
wirdige creature gesendet worden ist und ich sol
dir es vor lesen und vohet alsus ane:

Vil lieber sun, alse du mich gebetten hest, ich
sôlle dir sagen und ettewas bewisen, was der mensche
tůn sol, alse das ime gôtteliche úbernatúrliche minne
ettewas befintlich bekant werde, do solt du wissende
sin, vil lieber sun, das du selber und alle cristinen
menschen, die do one totsúnde lebent, das die alle
in gôttelicher minnen sint, aber nút in der grossen

---

14 gnoden] goben

úbernatúrlichen sůssen minnen, do sint sú noch gar
verre von, und hest mich doch mit grosseme erneste
gebetten, das ich dich sôlle ettewas bewisen und
leren, wie das der mensche getůn sol, das es ime
5 ettewas befintlich bekant werde. ach, lieber sun,
do solt du wissende sin, das es ist eine alsoliche
grosse gobe, die dem heiligen geiste selber zů gehôret,
wanne er selber eigenliche die gewore sůsse búrnende
minne ist. wanne, lieber sun, du solt wissende sin,
10 das die úbernatúrliche minne nút kummet usser blůte
und usser fleische. die gewore edele sůsse minnen-
riche gobe, e das sú ieman werden mag, so můs sú
e menlich und kůnlich erstritten werden, wanne du
solt wissen, vil lieber sun, das der mensche e můs
15 siner vihelichen eiginwilliger blinden naturen urlop
geben und sterben und sich gotte alzů mole demůti-
(83ᵃ)kliche zů grunde geben und ôch lossen one
widernemmen und můs ouch allen untúgenden
sterben und můs ouch allen túgenden leren leben.
20 lieber sun, hie zů so sol ouch der mensche sine
viheliche fleischliche nature herteklich mit ůbungen
ane griffen, aber doch noch kraft siner vernúnftigen
bescheidenheite, alse ouch der liebe sanct Paulus
schribet: uwer dienest der sol bescheiden sin. ach,
25 lieber sun, du solt wissende sin, und were es das
der mensche dise ding mit der helfe gottes nuwent
vestikliche in grosser demůtikeit und in grosser
gôttelicher gelossenheit ane vohende were, zů stunt
so das der heilige geist nuwent gewar wurt, so
30 enmag es gar kume gesin, er kumme zů stunt mit
siner minnen und entzúnde das fúnckelin, das do
in der selen verborgen ist, und blose das fúnckelin
ettewas, also das es ettewas gewermet wúrde, also
das von dem fúnckelin ein vil kleines ganeisterlin
35 farende wúrde, und, wie kleine das ist, noch danne
so wurt sin der mensche in sin selbes sinneliche(r)
vernunft wol merkende, und ist das sache, das in
disen selben dingen der mensche merkende wurt,
das ime das liden unsers lieben herren Jhesu Cristi

vil lústlicher zů betrahtende (wurt), und ime ouch die
túgende werdent ettewas lústlicher zů ůbende denne
es vormoles gewesen ist. und wurt ime ouch hie
got lieber und ouch ettewas fúrbasser minnende
denne er vormoles geton het. nů beschiht es wol 5
an ettelichen menschen, alse sú nuwent zů dirre aller
ersten trift kumment, das sú sich danne wellent nider
lossen und wellent sich lossen genůgen. vil lieber
sun, do solt du vor gewarnet sin, also das du das nút
endůst, wenne der gerehte gewore weg, der bewiset 10
alles fúrbasser uf zů tringende und fúrbas zů gonde,
wanne stille ston ist hinder sich gon. nů, vil lieber
sun, und ist es nů also, das der mensche uf disen weg
diser strossen kummet und fúr sich gonde ist und [sich]
der túgende werg und wisen noch fúrbasser me war 15
nimmet und fúrbasser noch me ůbende ist danne vor-
moles und ime got ouch noch lieber wurt und in ouch
noch fúrbasser minnende wurt und dise ding alle in
luterre demůtikeit beschehent und alse lange gewerent
untze an die zit, das es der heilige geist bekennende 20
wurt, das es zit ist, so kummet er aber mit siner minne
und entzúndet aber das fúnckelin in der selen und
machet es noch heisser danne vormoles und machet
es also heis, das ettewie vil ganeisterlin usser dem
fúnckelin springende werdent. nů hie so beschiht 25
es wol, das der mensche dannoch fúrbasser frölicher
in der sinnelichen vernunft wurt danne (83^b) er vor-
moles ist gesin. wanne er befindet denne in ime,
also das er sich me und lústlicher mag geůben in
dem lidende unsers herren und ouch ettewas me in 30
tugentlichen wercken, und befindet ŏch, das ime got
lieber worden ist denne er vormoles geton het. nů,
vil lieber sun, nů solt du wissende sin, wenne der
mensche mit der helfe gottes hie zů kummet und
ouch hie mit der helfe gottes in den túgenden fúr- 35
basser und noch me in grosser demůtikeit und in
göttelicher gelossenheit und in göttelicher minnen
alles fúrbasser uf tringende ist, me danne er vor-
moles geton hat, und so das der mensche aber alse

II.

lange getribet und getůt untze an die zit, das es
der heilige geist bekennende wurt das es zit ist,
danne so kummet er aber mit siner minnen und
entzúndet aber das fúnckelin in der selen, also das
5 es aber noch heisser wurt danne es vormoles noch
ie wart, und entzúndet das fúnckelin, das es alse
heis wurt, also das noch gar vil me ganeisterlin
usser dem fúnckelin springende werdent, verre me
denne es vormoles noch ie getet. und dis befindet
10 der mensche alles wol in der sinnelichen vernunft
und verstot es ouch wol, und har umb so beschiht
es ouch gar wol, das der mensche in dem sinne-
lichen vernúnftigen hertzen fúrbasser me noch gar
vil frŏlicher und wol gemůter wurt danne er noch
15 ie wart. aber, lieber sun, du solt wissende sin, das
es gar dicke manigem menschen beschehen ist, so
es beschach, das der heilige geist einen alsolichen
menschen in diser wise in alsoliche grosse frŏlicheite
bewiset und gefůret het, das danne der heilige geist
20 dar ging, so es der mensche aller minnest truwende
was und an dem besten wonde sin, das er danne
das fúnkelin in der selen nút me hitzete und es
gar und gantz vor dem menschen verbarg und alse
vinster mahte rehte alse ebe sin der mensche nie
25 nút befunden hette, also das der mensche alse ellende
und alse arm wart, also das er nút wonde, das
fúnckelin in der selen das were alzů mole gantz
und gerwe in ime verlŏschen, und also dar zů das
der mensche gar sere erschricket und got vŏrhtende
30 wurt, also das er in erzúrnet mŏge haben, dar umb
er ein ewiger hellebrant můsse sin. und in allen
disen dingen so wurt ime dar zů gesendet und von
dem heiligen geiste gegeben die aller grŏsten gruwe-
lichesten bekorungen, die unsprechenlich sint und
35 das in des nút dunckt, das kein mensche in der
zit sige, das noch solichen bekorungen gedencken
kunde, also gar unreine bŏse sú in maniger hande

---

15 wart] wᵘt

II.

wise [alse sú] sint. und har zů so swiget der heilige
geist und verbirget (84ᵃ) sich mit aller siner befint-
lichen minnen und tůt rehte also ob er den menschen
nút bekennende si. nů, vil lieber sun, nů lůge zu
dir selber, und were es, das du dise ding wúrdest
an vohende und fúr sich gonde wúrdest und alse
verre kemest, also das dir dise ding begegende
wúrdent, vil lieber sun, so solt du nút erschrecken
noch verzagen, wanne wissest, es mag gar kume
gesin, das die grosse hohe sůsse úbernatúrliche
minne nút wol ieman werden mag one lidende erbeit.
und har umb, lieber sun, und ist es, das es dir
beschehende wurt, so lo dich gotte und getruwe ime
wol und gang nuwent frólich alles fúr sich und sist
danne one sorge, er lot dich nút. und wissest,
lieber sun, wenne der mensche zů disen dingen
kummet und nút stille stot und alles fúrbasser uf
tringende ist, wanne denne die zit kummet, die der
heilige geist gar wol bekennende ist, der machet
denne mit dem fúre siner sússen minnen also, das
denne der mensche alles sines leides und lidendes
ergetzet wurt. nů, vil lieber sun, wenne es nů be-
schiht, das der mensche dise kempfende zit über-
windet und hie durch kummet und den strit über-
wunden het, wanne ouch dise ding beschehen sint
und es der heilige geist sehende ist, so mag er
danne nút gelon, er kummet zů stunt und bloset
aber das fúnckelin in der selen und machet es
denne alse gar heis, also das danne eine grosse
flamme wurt dar us slahende, das sin der mensche
gewar wurt, also das es durch alle sine nature
tringende ist, also das die sinneliche vernunft us
swenckende und überswenckende von fróiden wurt,
also das sich der mensche haben mús, das er nút
usbrechende ist und jubelierende werde. lieber sun,
so der mensche hieher kummet, so beschiht es danne
wol, das dem menschen die sinneliche vernunft er-
lúhtet und fúrbasser me zů bekennende wurt, verre
me denne es vormoles noch ie wart, und har umb

so wurt ime ouch got noch vil lieber und ouch fúrbasser minnende und meinende, denne er vormoles noch ie getet. und ime wurt alles das die welt geleisten mag urdrútzig und zů núte, und beschiht
5 ouch denne wol, das diseme menschen alle túgende, wie das sú genant sint, gar sere und gar vaste werdent lústlicher zů úbende denne sú vormoles noch ie getotent. nů, vil lieber sun, dise ding beschehent alle wol mit der helfe gottes in dem
10 menschen, der sich dar zů fůgen und úben wil, und wissest, vil lieber sun, das alle die werg und wisen, von den wir noch geseit hant, alle noch sint der sinnelichen vernunft wol zů verstonde und zů befindende. aber ist es nů, das der mensche nút
15 (84ᵇ) stille stet und mit der helfe gottes fúr sich get und fúrbasser uftringende ist und dise wege und dise wisen alse lange geleret und geůbet und getriben het untze an die zit, das er nút kan noch weis was er nů fúrbasser me tůn sol, also das er
20 in den just und in die rifiere kummen ist, also das er selber nút wol weis wo er dran ist und das er danne ouch wol mit einer gůten geworen conscientzien sprechen mag: min herre und min got, dir sint alle hertzen bekant und du bekennest wol
25 und weist es wol, das ich nút enweis, was ich ane vohen sol oder was ich tůn sol oder wen ich frogen sol, was ich ane vohen sol oder fúrbasser nů tůn sol. min herre Jhesus Christus, bewise mich selber oder durch diner frúnde, diner creaturen eine. was
30 das ist, und wie vil und wie swere das ist, das wil ich mit diner helfe gerne tůn und gehorsam sin. nů lieber sun, wanne dis beschiht, das der heilige geist einen menschen alsus in diseme tůnde in dirre luteren einveltigen demůtigen meinungen vindet und
35 dise grossen luteren einfeltigen werg der heilige geist in diseme menschen ane sehende ist, so enmag er danne nút gelon, er můs vollefůren sin ambaht

---

19 *vor* also: vn̄ *ausgestrichen.*

II.

in der minnen, alse es ime zů gehǒret, und usser
der minnen so bloset er das fúnckelin in der selen,
also das es gar lieht, hel und luter schinende wurt.
und usser dem liehten schinenden fúnckelin do wer-
dent gar heitere streme us blickende und gonde 5
werden, die den menschen wunder habende werdent,
und die blickelin die mǒgent ouch den menschen zů
manigen ziten an schinende werden, das in dunckende
wurt, es si neiswas von einre anderen zit, und en-
weis doch nút, was got do mite meinende ist wanne 10
so vil, das er wol in ime selber befindet und be-
kennende ist, das alle túgende ime vaste und verre
me liebende sint, gar vil me danne es vormoles
noch ie geton hat. nů, lieber sun, nů ist zů gloubende,
wenne es beschiht, das der mensche zů disen dingen 15
kummen ist und denne demůtikliche in allen túgenden
fúrbasser uf tringende ist und súnderliche in der
tugent, die do heisset langmůtikeit, senftmůtikliche
und von gotte gelessenliche wartende ist was er
von ime haben wil, es sige sur oder sůsse, das wil 20
er gerne und gewillekliche von gotte nemmen. nů,
lieber sun, du solt wissende sin, alles das dir noch
geseit ist, das ist noch nút das selbe, do noch du
mich gefroget hest, wanne es ist noch alles den
sinnen noch wol zů begriffende. aber ich sage dir 25
das wol und ist es, das der mensche blibet veste und
stete und tringet rehte durch die túgende und (ist)
alles fúr sich gonde in rehter gǒttelicher gelossen-
heit alse lange untze das der (85ᵃ) heilige geist
bekennende wurt, das es zit ist, so bloset er aber 30
das fúnckelin in der selen, also das es noch heisser
und liehter schinende wurt denne es noch ie getet,
und wurt alse vaste und alse vil heller blickelin
dar us gonde, also das der mensche gar frǒlich und
wol gemůt wurt, und hie so wurt ime got aber 35
lieber und in aber fúrbasser me minnende denne
vor und wurt denne in grosseme erneste mit munde
und mit hertzen sprechende: min lieber herre Jhesus
Christus, sider das ich nů von diner gnoden bekennende

worden bin, das du mir so gros gůt geton hest in
so gar grosser überswenckender minnen und ich
armer súnder des so gar undangneme und abelessig
bin gesin, daz můs mich ruwen und ruwet mich
5 und ist mir von hertzen leit, also das ich trost in
der zit in deheiner creaturen ie gesůchte, und das
wil ich nů nút me tůn und wil nů gantz und gerwe
der welte und allen creaturen urlop geben und, min
herre und min got, ich wil nů mit allen dem, das
10 ich vermag, dich alleine liep haben und minnen
und wil ouch nů mit diner helfe keine untúgende,
sú sint kleine oder gros, niemer me geůben, und
wil ouch niemer erwinden, ich wil mit diner helfe
allen untúgenden leren sterben und wil das alse
15 lange triben untze an die zit, das ich es durch
gebriche und überwinde, also das alle túgende min
wesen werdent. und, lieber min got und min herre,
ich wil dir noch hůte uf geben zů stunt minen
frigen eiginen willen und sele und lip und gůt und
20 ere dirre welte und alles das ich geleisten mag,
also das du do mitte tůst beide in zit und in ewi-
keit, alse du wilt und nút me alse ich wil. nů, vil
lieber sun, wissest, so dise gelúbede gotte geschiht
und es der heilige geist ane sehende ist, so beschiht
25 es danne wol, daz er dar zů swiget und sich ver-
birget und underzůhet die goben siner wercke und
beitet alse lange do mitte untze an die zit, das er
befindet also das der mensche dirre dinge, dirre
gelúbede mit den wercken vollebringet und denne
30 so enmag er von siner frigen minnenden ordenunge
nút wol gelossen, er kumme zů eime solichen
menschen mit voller maht in einer fúrigen flam-
menden hitzigen foul der minnen und umbeschinet
und umbevohet einen alsolichen menschen und zůhet
35 in an sich und in sich und trucket in und verbirget
in in das verwundete offene hertze unsers herren
Jhesu Christi. und alhie so wurt der mensche alse
foul überflússiger sůsser übernatúrlicher minnen, also
das er sin selbes vergisset und aller creaturen mit

ime, und alhie do befindet der mensche erst rehte, was
der sůssen minnen spil ist, der selben minnen, die
do ist über alle bilde und forme und über aller
menschen (85ᵇ) sinneliche vernunft. nů, vil lieber
sun, nů solt du wissen, so der mensche hieher zů
disen dingen kummet, so befindet er danne erst rehte
der übernatürlichen sůssen minnen, nach der selben
minnen du mich gefroget hest, und ie me sin der
mensche befindet, ie minre er es zů keinen worten
bringen mag. nů wissest, vil lieber sun, und ist es,
das du noch disen dingen werbende wurst und es
vollefůrende wurst mit den wercken, also das du
zů diser grossen erwirdigen übernatürlichen sůssen
liehtrichen minnen kummende wurst, so wissest, so
bist du selig das du ie geboren würde. wanne
wissest, lieber sun, das es wol zů geloubende ist,
und were es, das es beschehe also das du umb den
heiligen geist erwürbest, das du zů dirre liehtrichen
minne kemest, das dir danne alle dine sünden ver-
geben würdent, und stürbest du uf die stunde, du
möhtest sunder mittel in das ewige leben faren.
wanne wissest, lieber sun, wele menschen hie zů
kumment, das werdent ouch die geworen anebetter,
die den vatter in dem geiste und in der worheite
ane bittende sint, wanne sú hant sich gotte alse gar
zů grunde gegeben und gelossen, also das sú usser
göttelicher minnen anders nút enwissent noch mögent
gebitten, wanne das er tůn (möge) mit in selber und mit
mit allen creaturen und mit allen dingen, als er
selber wil, das si in welen weg das welle: alse
wellent ouch sú und ist in liep. nů, lieber sun,
alsolichen menschen, die alsus hie har kummen sint,
in den wurt ouch das wort vollebroht Deus caritas
est, wanne ein solicher mensche, der ist voul alzů-
mole in göttelicher minnen und ist alzůmole in gotte
und got in ime, alse sanct Paulus sprichet in vil
worten: wer mag uns gescheiden von der minne
gottes? hie wurt ouch ein alsolicher mensche der
selben menschen eins, für die unser lieber herre

sinen himelschen vatter bat, do er sprach: lieber
vatter, ich bitte dich fúr die minen, wo ich bin das
ouch mine diener do sint. nŭ wissest ouch, vil lieber
sun, weler mensche hie in zit hie zŭ kummet, do
5 solt du wissende sin, das us eime tierlichen menschen
ein got schowender minnender himelscher mensche
wurt, und wissest ouch, lieber sun, das der mensche
alrerst rehte erlúhtet wurt, und das ist geloube, zŭ-
versiht und minne. wanne wissest: der geloube
10 wurt in ime alse gar luter, clerliche erlúhtet, rehte
alse obe in das duncket, das es ein gewor wissen do
si, also das er sich sin usser demŭtikeit ettewas
weren mŭs und wurt sprechende: min herre und
min got, und ist es din wille, so ist mir der geloube
15 lieber wenne das du mich ein gewores wissen liessest
befinden, wenne ich sin alzŭ mole unwirdig bin.
nŭ so wurt die zŭversiht in ime alse gar gros und
starg, vŏl minnen in ime erlúhtet (86ª), also das
er anders nút enweis noch bekennet wanne das er
20 alzŭ mole gottes eigin worden ist, wanne er befindet
alzŭ mole keine vorhte me in ime, wanne die minne
het alle vorhte us geslagen. nŭ das dirte! so be-
findet er in ime, das die minne alse starg búrnende
in ime worden ist, also das er anders nút weis
25 noch geloubet, wanne das got anders nút mit ime
tŭt wanne alse er mit den sinen tŭt: alse gar het
er sich verlorn und vereinbert in die minne unsers
vil lieben herren Jhesu Christi. nŭ, vil lieber sun,
so der mensche mit der helfe gottes hie har kummet,
30 der befindet ouch danne erst vollekomene demŭtikeit
und ouch alle andere túgende in ime selber be-
slossen, also das es der mensche noch danne selber
nút wol weis. wanne es beschiht ime wol zŭ ette-
lichen ziten, das er wurt gedenckende an sin ver-
35 sumetes leben und wurt sich danne haltende fúr
einen súnder. aber er het doch keine vorhte me,
wanne in dunckt, das in nieman gescheiden mŏge
von der minne gottes, alse ouch der liebe sancte
Paulus in vil worten gesprochen hat. nŭ lieber

sun, nů ist es ouch zů geloubende, weller mensche
hie zů kummet, das dem ouch das leben und das
liden, das unser lieber herre Jhesus Cristus hie in
der zit hatte, usser der hitzigen minnen, die der
mensche hat, — so beschiht es wol, das dem menschen 5
ettewas geoffenboret wurt, also das eime alsolichen
menschen von hitziger bůrnender minnen alse gar
ernest wurt, also das er mit grosseme erneste be-
gerende wurt, und were es der wille gottes, das er
ouch über in verhinge ein solich leben in lidende, 10
alse vil alse alle sine nature geleisten und erliden
möhte, also grosse übernatúrliche hitzige minne ge-
winnet er zů dem lidende unsers herren: ime wurt
das liden unsers herren alse liep und minnet es so
sere, das er alle zit lidendes begert, alse verre er 15
vor gotte getar. und es beschiht wol, das ein solicher
mensche zů ettelichen ziten, was siechetagen er ge-
war wurt, also das sich die nature gar sere dar abe
rimppfet und úbele gehebet, ie me das beschiht, das
sich die nature úbele gehebet und sich dar abe 20
rimppfet, ie me sich ein solicher mensche indewendig
frowende und wol gemůt vindet und ime got deste
lieber wurt und ime sere sinre gnoden danckende
wurt. nů, lieber sun, nů solt du wissen, welre
mensche zů diseme grossen übernatúrlicheme lebende 25
kummen ist, so ist es danne wol zů geloubende, das
es zů manigen ziten beschehen mag, also das der
mensche do zů kummet, das er in der bůrnenden
hitzigen übernatúrlichen minnen verfúret wurt, also
das er von minnen dar inne versincket und in das 30
fúr der minnen alse gar hitzikliche umbevohet, daz
er von ime selber genummen und verzogen wurt,
das er sin selbes (86^b) vergisset und aller creaturen
mit ime, und hie befindet er des übernatúrlichen
liehtrichen zuges, do alle rede und alle sinne sin 35
geswigen můssent. nů, lieber sun, lo dich dirre rede
von allen disen dingen nút wunder haben und ver-
nim mich rehte und merke es also, das es den
grossen heiligen noch ettelichen wisen alsus zů

3

manigen ziten beschehen ist, die ŏch do zů manigen
ziten gar hohe in genummen wurdent, also daz sú
gar grosse úbernatúrliche ding befundent, von den
sú ŏch gar lútzel und wenig gesprechen kundent.
5 nů, lieber sun, das mercke an dem lieben sancte
Paulus, do er sprach: ich weis einen menschen der
wart verzucket in den dirten himel. aber obe das
in dem libe were oder one den lip, das weis ich
nút, got der weis es. so sprichet er danne aber,
10 das er verzucket wart in das paradis und das er
do horte so heimeliche wort, die do unmúgelich
werent deheinem menschen zů sprechende und in
alsolichen dingen ist ouch vil beschehen dem lieben
sancte Johanse und ouch anderen vil lieben heiligen.
15 der liebe sancte Johans, der do durchtringende und
durchfliegende die himele was, und was er do selber
und ouch andere heiligen ie befundent, das was
alles úber menschliche sinneliche vernunft, do von
sú wenig gesagen noch geschriben mŏhtent. das
20 selbe das sú schribent, das was wol ettewas in bilde-
lichen dingen, do men ettewas us mercken oder
gedencken mag. nů, vil lieber sun, har umb so lo
dich nút wunder haben, das der mensche hie in
der zit nút dar zů kummen mag, das er die úber-
25 natúrlichen heimelichen goben in den sinnen begriffen
mag. nů wissest, vil lieber sun, wer der mensche
ist, der hie zů kummen ist, das er des himelschen
hofes, des himelschen paradises ein einigestes trŏp-
pfelin versůchet, wie wenig das ist, noch danne so
30 ist es wol zů geloubende, das ein solicher mensche
in der zit niemer grŏslich besweret noch trurig
werden mag. also vohet sin himelrich hie in zit
ane und sol ewikliche weren. amen. lieber sun,
nů lo dich nů zů mole genůgen, wanne wissest, das
35 nút zů geloubende ist, das alle creaturen beide' in
zit und in ewikeit nút volle sagen kundent von den
manigvaltigen grossen verborgen wercken, alse sú
der heilige geist in sinen und mit sinen frúnden
wúrckende ist. har umb, vil lieber sun, so nim

III.

dise geschrift, dise rede, alse ich sú mit dir geret
habe, und nim sú nút von mir, wanne wissest, ich
bin sin nút gesin, der heilige geist der het es durch
mich, sin armes gezowelin, dir geschriben. har umb,
lieber sun, nim disen brief und schrip in selber 5
abe an ein kleines bůchelin (87ᵃ), das du enweg
gelihen maht, wo du truwest reht zů tůnde, und
behep du disen brief und ůbe dich und lere vaste
in diseme briefe. und ist es, das du do zů kummest,
also das du wurst genummen in dise grosse riche 10
sůsse úbernatúrliche minne des heiligen geistes, lieber
sun, beschiht das danne, so bitte ich dich, das du
min danne gedenckest, ich si tot oder lebendig. nů,
lieber sun, es mag zit sin, das du wider heim gangest.
alse nam der junge brůder zů dem altvatter urlop 15
und nam sinen brief und danckete ime vaste und
bat in mit grosseme erneste, das er sin wolte gedencken
und got fúr in bitten wolte, das sin leben gebessert
wúrde, wanne er hette nů gantzen willen, alles sin
leben mit der helfe gottes umbe zů kerende und 20
fúrbas zů gonde und zů bessernde.

III.

Lektion an einen jungen Ordensbruder 1345.

Item eine letze wart eime jungen brůdere ge-
geben in eime orden, wie er leren solte alle
untugent úberwinden.

Dis ist gar eine gůte letze, alse sú eime jungen 25
brůder in eime orden von sime elter gegeben wart,
zů dem er ging und sprach: lieber vater, ich besserte
gerne min leben und ich bitte úch, das ir mir durch
gottes willen wellent roten und eine letze geben,
do mitte ich ane vohe und geleret werde was ich 30
tůn sol, also das ich zů eime gůten vollekomenen

---

8 lere *'lerne'* 22 *die Überschrift rot* 26 *lies* eltern?

3*

III.

leben kummen möge. do sprach der alte: ach, lieber
sun, nů wissest, das es nút gůt ist mit geswinden
worten us zů sprechende noch zů lerende, man sol
sich wol dar umb bedencken unde, lieber sun, das
5 wil ich ouch mit der helfe gottes gar gerne tůn,
und ich wil dir sin eine letze geschriben geben,
alse es danne got gebende ist. und der alte der
schreip dem jungen brůder alsus und sprach: wilt
du nů einen geworen anefang eincs rehten geworen
10 nuwen keres tůn, der dich fúrderen und fůren mag
zů eime vollekomenem lebende, so wissest, der
sicherste anevang, den ich von der gnoden gottes
bekennende bin, das ist also, das du můst zů dem
aller ersten lůgen und besehen, waz bôser wurtzelen
15 von untúgenden, die du von naturen in dir hest
oder von gewonheit, in dir sint, do můst du
dine nature in dir úberwinden und zerbrechen und
lůgen, das alle untúgende die in dir sint, us gerůtet
und getôtet werdent. nů, vil lieber sun, erschrig
20 nút, ebe du dis nút alles zů einem mole úberwinden
und getôten in dir môhtest. so lere aber, das du
eine untugent noch der anderen úberwindest, und
trip das alse vil und also lange untze an die zit,
das du aller untúgende, wie das sú genant sint,
25 gantz und gar lidig worden bist und das ouch
denne gegen den untúgenden alle túgende durch
dich fliessent, also das alle túgende din wesen (87ᵇ)
werdent. nů, vil lieber sun, und ist es das du
dirre letzen noch nút enkanst, so solt du sú ane
30 sehen und solt sú mit grosseme erneste leren. lieber
sun, nů ist dir ouch in dirre selben letzen zů
rotende also, das du dich gotte uf oppferen solt
und ime öch dinen eiginen frigen willen wider
umbe gebest verwegenliche und demůtikliche mit
35 eime ruwigen hertzen. lieber sun, öch das du in
ime lossest, also das du got lost in dir und mit
dir wirken sine werg in wellen weg oder in welle

---

12 gottes] gotte

wise er sú haben wil, nút me alse du sú haben wilt,
und des gotte gehorsam wellest sin untze in dinen
tot, er wirke mit dir welre hande werg er welle, es
si dir liep oder leit, es tů dir wol oder we. nů
wissest, vil lieber sun, und ist es, das du wurst dise 5
letze dis anevanges lerende und wol ůbende, so ist
es zů geloubende und der grundelosen erbermede
gottes wol zů getruwende, also das er nút enlosse,
er kumme dir zůstunt zů helfe und werde dich ver-
leckernde und mache dir danne alle dine werg und 10
alle dine gebettelin ettewas vil lústlicher und ette-
was sůsser denne sú dir vormoles sint gesin und
wurt mit dir umbe gonde in einer gar sůssen kint-
lichen wisen. nů, vil lieber sun, und ist es, das
dir dise sůssen kintlichen goben von gotte geschencket 15
werdent, so nim sú dangberliche und demůtikliche
und gar gelessenliche alse lange er sú dir lossende
wurt, wenne wissest, lieber sun, das es wol denne
beschehen mag, wanne es got bekennende wurt, das
es zit an dir ist, das er dir denne wurt abe nem- 20
mende alle dise sůssen lústlichen kintlichen werg
und wisen und wurt dir danne derfúr schenckende
sine herlichen gnodenrichen grossen menlichen goben
der manigvaltigen bekorungen in maniger hande
wise, der do vil verborgen ligent in dem fleische 25
der unreinikeite der naturen, do der túfel vil spilendes
und werbendes inne het. ach, lieber sun, und ist
es, das dir dise gnodenrichen goben werdent, es si
in wellen weg oder wise es welle, so erschrig nút,
wenne wissest, got schencket sú sinen frúnden aller 30
meist. har umb, beschiht es dir, so soltu gotte mit
grosseme erneste dancken sinre grossen gnoden. nů,
vil lieber sun, nů môhte es ouch wol bescheben und
were es das dir got getruwen môhte, das er dem
túfele úber dich verhengende wúrde, so du dich zů 35
ettelicher zit aller gernest mit grosseme erneste zů
gotte keren woltest, daz denne der túfel in der luft
an sich genummen hette bilde in maniger hande
wise, also das er zů einem mole gar schinberliche

môhte zů dir kummen ane zů sehende alse obe er
were ein schôner engel, so môhte es ouch wol be-
schehen (88ᵃ), das er kummen môhte alse were er
ein schône herlich wip und môhte alsoliche unkúsche
5 geberde haben, alse wolte sú dich ane griffen, so
môhte es denne ouch wol beschehen, das er kummen
môhte in einer gar gruwelichen vôrhtlichen un-
gehúren gestalt und môhte alse gruwelichen tůn,
alse wolte er dich verslinden. lieber sun, der wege
10 der sint vil in maniger hande wise, die got dem
túfele gestattet über sine frúnt. aber der túfel mag
den frúnden gottes nút getůn one gôttelichen urlop.
har umb so erschrig nút, wenne der túfel môhte
dich ouch mit der verhengnisse gottes wol ane
15 kummen mit alsolicheme ungelouben, do inne du
wol vil zites môhtest sin, das du nút wondest, du
můstest ein ewiger hellebrant sin. har umb, vil
lieber sun, und were es nů, das du in deheinen
weg oder wisen von dem túfel gewar würdest, so
20 růffe zů stunt den sůssen nam Jhesus ane, er lot
dich nút, er kummet dir zů helfe, und lo denne got
sine werg durch den túfel wirken, alse sú got ge-
stattet und haben wil. nů, vil lieber sun, beschehe
es nů, das got út in alsolichen sachen mit dir
25 würkende würde, es were in welre hande wise oder
weg daz beschehe, das der túfel wachende zů dir
keme, so mache zů stunt ein crútze fúr dich und
vôrhte dich danne nút unde sprich kůnliche: wille-
komen sist du, min herre und min got, durch den
30 túfel. ach, lieber sun, dirre wege der bekorungen
der ist gar vil in gar vil manigvaltiger frômeder
wisen, alse sú got von sinre grundelosen erbermede
eime iegelichen menschen, sinen frúnden schenckende
ist, alse vil er wol bekennende ist, wie vil oder
35 in welerhande wise sú eime iegelichen mit sunderheit
zů gehôrent. har umb, vil lieber sun, und ist es,
das dir der erbarmhertzige got usser disen grossen
gnodenrichen goben der bekorungen schenckende
wurt, es si joch in welre hande weg oder wisen

III.

das beschiht, die gnodenrichen goben die enpfoch
demŭtikliche und dangberliche und frŏliche und sist
gotte dangber sinre grossen erbarmhertzigen gnoden,
wenne got sine ane vohenden frúnt in deheinen weg
bas versorgen kan und ime selber bas noch geziehen 5
mag danne durch sine sunder gnode, die got selber
git durch lidende bekorunge, wanne got sine frúnt
von súnden nút bas reine gemachen mag danne durch
liden. und har umb so git ouch got sinen lieben
frúnden gerne liden, umb das er selber in úber- 10
natúrlichen wisen und wercken mit in und in in
gewúrcken mag. nŭ, vil lieber sun, und ist es nŭ,
das du wurst lerende und du dich selber wurst
ŭbende in dirre letzen und du dich ouch got selber
wurst lossen ŭbende werden, so das nuwent eine zit 15
geweret, so solt du nút geswinde gedencken noch
got bitten, das er abe losse, und sprechest, es si
genŭg. nein, lieber sun, es ist nút also. du solt
got lossen meister sin, wanne du maht von din
selbes eiginer wise alsus ein vollekomener friger 20
mensche niemer werden. solt du ein vollekomener
friger mensche werden, so wissest, das mag nút e
sin, du lossest dich denne got selber ŭben untze
das du zitig wurst, wenne wissest, lieber sun, das
unser fruht nút e zitig werden mag, es si denne das 25
es regene und hagele und gros ungewittere uffe sú
gefallen si. lieber sun, wenne dis beschiht, so mag
danne erst wol kummende werden die hohe edele
sunne mit eime sŭssen edelen towe und mag danne
die sunne wol blickende und glentzende und schinende 30
werden, also das danne die fruht wol mag ane vohende
zŭ wahssende und zŭ zitigende. lieber sun, der danne
der frúhte demŭtikliche und gelessenliche in wol
geordenter langmŭtikeit wol erbeitet, so mag es danne
wol beschehen, das danne dar us wurt vollekomener 35
edeler zitiger win, den got selber schenckende wurt,
und der win ist alse starg und alse gŭt, dem sin

---

34 geordenten

nuwent ein tröppfelin in wurt, der wurt zů stunt
in götteticher minnen alse gar truncken, also das
er noch denne in der naturen von hertzen also
fröidenrich voul wurt, alo das er sin selber vergisset
5 und aller creaturen mit ime: und danne so mag
ouch der mensche wol vor dem himelschen vatter
ein vollekomener friger wol gewahssener zitiger
mensche geheissen sin. nů, vil lieber sun, nů habe
ich dir vil von herten suren sachen in dirre letzen
10 gelesen. aber ich habe dir ouch ettewas von dem
gůten, dem sůssen dar bi gesetzet. wanne wissest,
lieber sun, es enmag nieman wol von der höhi
obenan her abe befinden, es si danne das er e habe
gelossen dise irdeschen nideren ding, wenne wissest,
15 vil lieber sun, der ungeůbeten tugent, der ist nůt
wol zů getruwende. nů, vil lieber sun, nůt erschrig
abe dirre letzen, do inne ich dir alse vil geschriben
habe, wanne wissest, ich habe gůt dar inne gemeinet,
das du mich noch andere menschen mit frogende
20 deste minre darft bekůmberen. wenne wissest, es
beschiht wol ettewenne, so der mensche alse gar
vil gefroget, das er danne wol ettewas irre wurt.
vil lieber sun, ich geloube das, und fůrest du zů
fůnf grossen gottes frůnden und iegelicheme dine
25 sache fůrleitest und iegelichen mit sunderheite fro-
gende wůrdest, also das men dir rot gebe, wie das
du din leben gebesseren möhtest, do mitte du zů
eime vollekomenen lebende kemest, so geloube ich,
das sů dich denne alle fůnfe nůt ge(89ᵃ)lich wise-
30 tent. iegelicher der wisete dich mit sunderheit den
weg, alse er von gotte gefůret worden were. wenne
wissest, lieber sun, der wege der sint vil und ist
alles ein weg. aber das verstot ein alsolicher
mensche nůt, der noch nůt ůbernatůrliches lieht-
35 riches underscheides enhet. har umb, vil lieber sun,
so lo dich gotte demůtiklíche und in allen sachen
gelessenliche und nim alle ding von gotte dang-
berliche, rehte wie es got haben wil, und warte
der gnoden gottes in wol getruwender zůversiht.

III.

so wissest, wenne denne der erbarmhertzige milte
got bekennende wurt, das du zitig worden bist, so
git dir got wol eins ougenblickes lang zů bekennende
in alsolichen úbernatúrlichen sachen alse vil under-
scheides und worheite, also das du danne keines
menschen rot me begerende bist. lieber sun, hie
zů kummest du ouch wol in dirre zit und kummest
du danne hie zů, so wúrde dir danne dar zů die
heilige geschrift mit grosseme liehtrichen under-
scheide verkleret. lieber sun, du endarft ouch nút
vőrhten, das dir gehorsame dines ordens mit singende
und mit bettende, das du ehte schuldig bist, schaden
oder hinderen sol. gehorsame die sol dich fúrderen,
wanne gehorsame ist eine sundere tugent, die wider
alle untúgende stritet. nů, vil lieber sun, du solt
ouch niemer one messe gesin, es irre denne grosse
redeliche sache. nů, vil lieber sun, dise letze die
ich dir hie geschriben habe mit der helfe gottes,
do bist du nút alleine inne gemeinet. do sint ouch
andere menschen inne gemeinet, die ouch dinne
lerende werdent, wanne ich ein alter man bin und
nút lange in dirre zit bliben sol. dar umb so habe
ich ouch minne, das ich dise letze hinder mir losse.
har umb, vil lieber sun, so bitte ich dich bi gehor-
samme, das du bi mime lebende nieman von mir
sagest und ouch dise letze usser latine zů tútsche
schribest. wer sú danne bedőrfende wurt, er sige
pfaffe oder leye, dem lich sú, also das ich nút dar
mitte vermeldet werde. nů, lieber sun, nů tů wol
und halt dich under den brúderen demůtikliche und
senftmůtikliche und sist ein sůsser brůder, also das
du den anderen brúderen keine bůrde sigest. dise
letze wart gegeben und geschriben do men zalte
von gottes gebúrte dritzehen hundert jor und viertzig
jor und fúnf jore.

IV.
Von einem eigenwilligen Weltweisen und einem Waldpriester 1338.

Item von eime e(i)ginwilligen weltwisen manne der von eime heiligen waltpriestere gewiset wart uffe demůtige gehorsamme.

Dis ist von eime gůten heiligen waltpriestere, wie der einen weltwisen eiginwilligen wol redenden man wisete und zoch zů rehter gőttelicher worheit. do bi (89ᵇ) alle gůthertzige got minnende menschen mit erneste mőgent war nemmen und bekennen, wie gar sőrglich und schedelich eiginwillikeit und ungelossenheit ist und wie gar kume die iemer zů gantzeme geworem vollekomenem gőttelichen friden und underscheide kummen mőgent, die iren eiginen willen in ungelossenheit besessen hant und irme eiginen willen in allen iren wercken lipliche und geistliche volgen wellent und niemanne anders gehorsam wellent sin, das doch in vil wisen wider got und wider ire ewige selikeit und wider alle cristenliche gesetzede und ordenunge ist. und dar umb alle die do gerne wellent ir leben und dise kurtze zit sich erliche und fruchtberliche vertriben und nützliche ane legen mit einre frőlichen lidigen fridelichen conscientzien, die doch besser ist denne alles zitliche gůt und übertriffet allen lust und frőide dirre welte, die lůgent, das sú alles ir leben und alle ire übungen ordent und würckent in gehorsame usser gotte und usser einre gőttelichen personen, der sú getrůwen mőgent an gottes stat, wanne gehorsam ist der aller sicherste neheste slehteste verdienlicheste unbetrogeneste weg, den men zů ewigeme lebende und zů rehter vollekomenheit gegon mag, wenne in ouch unser lieber herre Jhesus Cristus selber und alle sine nochvolger

---

1 *die Überschrift rot.* 21 eime 25 *lies* ordenent? 27 dem

gegangen hant, und wer einen andern weg gon wil
sinen eiginen sinnen noch und usser sime eiginwilligen
gütdunckende, der get gar sörgliche und stosset sich
dicke an die nature und sumet und irret sich selber
gar usser mossen schedeliche, wanne unser lieber 5
herre nüt wonen noch würcken wil noch enmag in
keines eiginwilligen ungelossenen menschen hertze,
alse men gar vil geschriben vindet von den lieben
heiligen und altvatteren und sunderliche, alse hie
noch geschriben stot, von eime gar wol redenden 10
sinnelichen vernünftigen weltwisen eiginwilligen
manne, der in sime sinne gar dicke und vil wart
gedenckende und betrahtende noch der welte valsch-
heit und untruwe, und wie übele sú lonet und wie
kurtz strenge bitter sörglich gruwelich erschröckenlich 15
unbereit ende manig mensche nimmet. do von dem
selben eiginwilligen weltwisen manne ein grosser
ruwe inkam, das er meinde sin leben grössliche zů
bessernde und der welte einen gantzen urlop zů
gebende, und kerte sich do gar geswinde mit gantzeme 20
flisse und erneste zů gotte und gewan dar noch gar
grosse minne zů dem gottes worte, das er gar gerne
vil bredige horte und hette ouch sünderliche minne
zů hoher behender vernünftiger lere. die horte er
ouch über alle (90^a) mosse gerne mit grosseme luste 25
und rette ouch gerne vil und dicke mit grosseme
luste von gotte mit sinnelichen vernünftigen menschen.
und do er dis ettewie lange getreip, do nam sin
ein ander mensch war, der ouch sin sunder gůt
frünt was. dem geviel ouch sine wise und sin leben 30
nüt wol unde rette gar vil mit ime der von, und
under anderen worten do sprach er zů ime: ich
wil dir sagen, du weist selber wol, das du noch
ein nuwer ane vohender man bist und du der ge-
rehten sicheren wege noch wise nüt enweist noch 35
enkanst, und wilt du dinen wisen alsus noch gon,
alse du ane gefangen hest, so stet es ettewas sörglich

---

4 sinnet   27 mensche

umbe dich, wanne du gar wol noch in dinen eiginen
wisen môhtest verfûret werden, alse ouch anderen
menschen vil und dicke beschehen ist. do sprach
der sinneliche vernúnftige man: nů enweis ich was
5 ich anders tůn sol, wanne das ich vil messen und
bredigen hôre und gerne vil von gotte hôre sagen.
do sprach der ander mensche: das mag vil lihte
wol ettewas gůt sin, aber solte ich dir usser gôtte-
licher minnen roten, so getorste ich dir wol geroten,
10 das du ettewas wises gôtteliches rotes fúrbasser nů me
sůchtest danne du noch gehebet hest, und wo du
ouch den fúndest, das du ouch dem demûtikliche
volgetest. do sprach der sinneliche vernúnftige man
gar bescheidenliche: wuste ich wo ich den fúnde,
15 den wolte ich gerne haben und wolte im ouch
gerne volgen, was er mir riete. do sprach dirre
mensche alsus wider umbe: und wilt du mir denne
volgen, so weis ich wol einen gar heimelichen
gottesfrúnt der gar wise ist und ouch erlûhtet ist
20 von den gnoden des heiligen geistes, wanne das er
verre in eime walde sitzet und ouch nút gůt fride
ist uf dem wege zů varende. und seite im do, wie
es ein priester were, und seite im alse gar vil gůtes
von diseme waltpriestere, das dirre sinneliche
25 man gar grosse minne gewan zů ime zů farende.
und es fůgete sich uf eine zit, das er gar sichere
gůte geverten vant, die des selben weges woltent.
mit den fůr er und kam zů diseme lieben walt-
priestere. der enpfing in gar frúntliche und zů
30 stunt do sú gossent, do hůp der eiginwillige sinne-
liche man ane und rette mit ime gar vil worte die
gar behende vernúnftig und sinnelich worent, und
die selben wort worent alle in rotes fragender wise.
und do in selber duhte, das er gar genůg geret
35 hette, do bat er den waltpriestere mit gar grosseme
flisse und erneste, das er ime der rede aller einen
merglichen underscheit gebe. do bekante dirre liebe

---

10 nů me] niůne

waltpriester von der gnoden gottes wol bi sinen
worten, das dirre (90ᵇ) man gar ein vernúnftiger
sinnelicher eiginwilliger man was. dar umb ent-
wurtete er ime mit gar slehten einveltigen worten
noch ussewendiger wisen zů verstonde und sprach 5
zů ime: ach, lieber mensche, es mag eine frômede
sache sin, dar umb du har kummen bist mich also-
liche sachen zů frogende, und du selber wol weist
grosser pfaffen genůg, die der geschrift vil kúnnent,
wenne ich der geschrift nit enkan danne die blosse 10
notdurft. har umb habe es nút fúr úbele, wanne
ich sehe dich gerne, kunde ich dir zů der selen
geroten; das du dich danne lange sumest, das ist
vil lihte nút gůt. do von so mache dich rehte
wider hein. dise rede nam den sinnelichen ver- 15
núnftigen menschen wunder, war umb men in zů
disem waltpriestere hette geheissen varen, wanne er
kunde in allen sinen sinnen nút anders verston
wanne das er wol ein einfaltiger gůter biderber
priester môhte sin, anders kunde er in drien tagen 20
nút an ime verston. und an dem vierden tage wart
dirre sinneliche man in ime selber gedenckende und
gedohte alsus: dis ist gar eine frômede sache. sol
dich din gůter frúnt alsus har(te) betrogen haben? und
solt(u) din arbeit alsus verlorn haben? und gedohte 25
do, du solt rehte noch zů einem mole mit rede an
in kumen und solt mit grosseme erneste an in ver-
sůchen, obe du út an ime vindest, und hilfet es
denne nút, so lo denne rehte der von. also kam
dirre sinneliche man aber anderwerbe zů diseme 30
gůten waltpriestere mit gar grosseme erneste und
manete in gottes alse gar tieffe und alse gar hohe
alse man in gemanen mag, das er ime zů helfe
keme und ime ettewas seite und in wisete und
lerete, was er tůn oder ane vohen solte, das sin 35
leben gebessert wúrde. do sprach der liebe walt-
priester: ach, lieber mensche, du hast mich gottes
alse gar hohe gemanet mit alse grosseme erneste,
das ich nút wol gelossen mag, ich můsse nů ette-

was fúrbasser und me mit dir reden danne ich do
har geton habe. wanne wissest, ich bin von der
gnoden gottes wol bekennende, das du gar ein sinne-
licher vernúnftiger eiginwilliger mensche bist. vor
5 alsolichen menschen ich mich allewegent gerne hůte,
das ich nút vil rede mit in habe, und do von: sol
ich rede mit dir haben, so můst du mir geloben,
was ich rede mit dir habende wúrde, das du mich
do inne nút vermeldest noch von mir sagest. und
10 nim es von gotte, des ouch alles gůt ist. also ge-
lobete er es ime zů verswigende. do hůp der liebe
waltpriester ane und sprach:

nů habe es nút fúr úbele, wenne ich ettewaz
dinen gebresten růren můs. wissest, ich bekenne
15 von der gnoden gottes wol, das du ein man von
vil worten bist, (91ª) ein sinnelicher vernúnftiger
eiginwilliger man, und hest ouch der selben gesellen
me. und ir sint vil worte mittenander redende, das
ir nie gelebetent. aber, lieber mensche, du solt dise
20 rede nút also von mir uf nemmen, wanne ich meine
nút, das dine wise bóse si, und wie das sú noch
sórglich si, so ist sú doch besser wenne werest du
in der úbellonenden welte bliben. aber du solt
wissen, das du und dine genossen gar unsicherliche
25 gont uf dem wege, do ir nů zů mole uffe wandelnde
sint, wanne do mohte gar lihte ein kleines wetterlin
kummen das úch dar nider wúrffe, wenne ir gont
nút den fúr sich gonden menschen noch. ir gont
den stille stonden oder den hinder sich gonden
30 menschen vil gelicher und har umb so blibent ir
also klebende und hangende in uwerre eiginwilliger
sinnelicher vernunft one das gewore lieht, das ir
ouch nút habende sint, und har umb so blibent ir
vinster und der ir vernant worent, der sint ir aber
35 noch húre oder vil lihte noch erger, wanne kein
mensche stille mag geston, und har umb, lieber
mensche, so lůge zů dir selben, das tůt dir, wissest,
not. do sprach der eiginwillige mensche: ach, hertze-
lieber herre, so bitte ich úch und mane úch aber

alse hohe ich úch vormoles ouch gemanet habe, das
ir mir usser gőttelicher minnen sagen wellent was
mines gebresten ist, also das min leben gebessert
werde, wanne ich wil mit der helffe gottes úch
volgen und úch an gottes stat gehorsam sin. do 5.
sprach der liebe waltpriester: was sol ich dir sagen?
ich habe dir es vormoles ein teil ŏch geseit. ich
sage dir es aber und mŏhte ich dir es usser minnen
mit weinenden ougen gesagen, das tete ich gerne.
und du solt wissen, das du noch gar alzůmole ein 10.
sinnelicher wolredender vernúnftiger eiginwilliger
mensche bist, und du wilt es nút wissen. und ist
das sache, das du din selbes schalghafte nature nút
bekennen wilt, und har umb so stost du und wonest
uf din selbes nature, und sint alle dine werg und 15.
úbungen louffende und vermúschet mit diner nature,
und in diser wise so wenest du got haben und wilt
in ouch haben, und wissest, das du ouch got noch
diner wise hest, wenne er ist alse gar foul milter
grundeloser erbarmhertzikeit, das er sich dir git und 20.
fůget sich zů dir noch diner wise, noch diner eigin-
williger sinnelicher vernunft und ist dir machende
alle dine gebettelin und alle dine wisen diner úbungen
ettewas lústlich und sůsse, (91ᵇ) und danne so wenest
du nút, du sigest mit gotte gar wol dar an. so 25.
wissest, lieber mensche, so ist es noch niena do,
wenne es ist noch alles mit der naturen vermúschet
und vermenget. wenne du solt wissen, lieber mensche,
dar umb dir got dine gebettelin und dine úbungen,
es sige joch in dem lidende unsers herren, sůsse 30.
machende ist, das tůt dir got noch alles von din
selbes gebresten wegen, wanne er din noch schonen
můs, wenne er gar wol in siner ewigen wisheit be-
kennet, tete er es nút, so würdest du ime abe gonde,
wanne er gar wol weis, das du noch nút uf dem 35.
sicheren wege gonde noch wandelnde bist, wanne
es ist gar vil anders wanne du noch weist oder

---

17 dise

bekennest, und wilt du uf die gerehte sichere strosse
kummen, so můst du dich umbe keren und můst
dich aller diner eiginwilliger wisen abe tůn, und
rehte in aller wise alse got vormoles in din selbes
5 eiginwilliger sinnelicher vernunft [din] ist gesin, alse
můst du dich nů umbe keren und můst dich nů
ime rehte alzů mole wider umbe zů eigin geben
mit gantzeme willen untze in den tot, und wurst
du dis ouch tůnde, so kummest du erst denne uf
10 einen sicheren weg und uf eine gewore sichere
strosse und ouch e nůt. wenne wissest, lieber
mensche, in dem tůnde, alse du noch bist, so be-
findest du unwissende uf dime eiginwilligen wege
grossen behelf in din selbes nature, wanne dir got
15 wol smackende ist in din selbes sinnelichen ver-
nůnftigen klaffenden worten, do doch wenig nutzes
ane gelit, wenne welre mensche do zů noch nůt
kummen ist, das er alle wort in eime worte ver-
stonde ist, es sige an bredigen oder ander wort, es
20 sigest joch du selber oder dine vernůnftigen eigin-
willigen redegesellen, das ir noch nie berůret wurdent
an den ôberen kreften noch *trift* dem ůbernatůrlichen
liehte des heiligen geistes. und, lieber mensche,
wissest, das du und dine gesellen hant ougen und
25 gesehent nůt, und har umb so gont ir ouch vinster-
lingen, und wenne ir des geworen blickes des ůber-
schinenden liehtes nůt habende sint noch dar zů
nie befundent, har umbe sint ir in der zit gar
sôrgliche und gar unsicherliche wandelnde, wanne
30 wer nůt liehtes hat, so mag gar lihte wetters kum-
men, dar ane er sich wol stossen mag und fallen.
do sprach der eigenwillige sinneliche mensche: ach,
lieber herre, mich hat das ettewas wunder, wie das
sin mag, das der mensche hie in der zit dar zů
35 kummen mag, das er alle wort in eime worte môge
verstonde werden. do sprach der liebe waltpriester:
das wil ich dir sagen. alse du und dine genossen

---

22 trift] *die Überlieferung scheint mir verderbt.*

noch lebende sint und werent ir noch hundert jor in dem selben lebende, so ist zů geloubende, daz das gewore übernatúrliche (92ª) lieht des heiligen geistes nút in úch schinen möge. in dem selben liehte ir ouch wol underwiset soltent werden, also 5 das ir alle wort in eime worte soltent verstonde werden, und har umb, das wir alle nút des einigesten eine, des ewigen insprechenden wortes, das gar vil in uns sprechende ist, das wir das nút mit eime grossen kreftigen erneste war nement alse wir soltent, 10 har umb blibent wir ouch vinster one lieht, wenne wir in keinre hande wise übernatúrliche me berůret wurdent. ich wil dir sagen, lieber mensche, were es, das wir mit grosseme erneste in uns selben des ewigen insprechenden wortes, das der heilige geist 15 in uns sprechende ist, das wir des mit eime solichen grossen erneste war nemment und tetent dar zů das wir soltent, so möhte uns got nút versagen, er tete ouch denne alles das wir woltent. wenne wir ouch hie zů kement, so möhtent wir denne ouch nút anders 20 wellen noch begeren denne alse got wolte, und wenne ouch dis vollekomenliche in uns beschehe, das unser wille gottes wille wúrde in der vereinigunge, so het got zit, wenne er wil, das er mag kummen den menschen zů überschúttende mit sinre übernatúrlichen 25 liehtrichen gnoden, und so möhte es denne ouch wol beschehen, das danne der mensche vollenkomenliche bewiset wúrde, das er in dem einigesten eine, dem ewigen worte, alle wort in eime worte möhte verstonde werden. ach, lieber mensche, kement wir her 30 zů, das wir dis mit lebende erlangetent, das wir von der gnoden des heiligen geistes über die nature und über alle natúrliche vernúnftige verstentnisse gefůret und gezogen wúrdent! nů sage mir, lieber mensche, was wenest du, das ein solicher mensche, 35 der hie har zů gefůret worden ist, verstonde mag werden? du solt wissen, das es wol zů gloubende ist, das ein solicher mensche in dem einigesten eine des ewigen wortes in einer kurtzen stunden gar vil

und verre me verstonde mag werden denne in alle
die sinnelichen natúrlichen meistere, die in der zit
sint, in hundert joren geleren môhtent mit worten.
und wissest, lieber mensche, welre mensche hie zů
5 kummen ist, alles das men dem mit ussewendigen
worten, es sige an bredigen oder one bredigen, ge-
sagen kan oder mag: do vindet er nút vil trostes
inne, wanne sine sele hat befunden des inren gerúnes,
des sú ouch begerende ist. aber doch so ist der
10 mensche uf eime alse gar demůtigen grunde, das er
zů manigen ziten ettewas erschricket abe der be-
girden, wanne in duncket, das er der genoden alzů
mole unwúrdig sige. nů sage mir, lieber mensche,
geloubest du dise ding? wanne sú dir noch gar
15 frômde und unbekant sint. do sprach der sinneliche
eigenwillige (92ᵇ) mensche: ach, lieber herre, ir
sôllent wissen, das ir gar vil worte zů mir geret
habent, der ich nút verstunt, und lie sú rehte durch
die sinne louffen. aber nů erst so ist die zit kummen,
20 das mir das von der gnoden gottes worden ist, das
mir nů erst rehte gerotet in lúhten, das ich grosse
gnode und begirde habe gewunnen zů den gůten
worten, alse ir sú zů mir geret habent, und wil úch
nů erst mit grosseme erneste bitten, das ir wellent
25 eren gôtteliche minne und den tot unsers herren
und mit mir nů fúrbasser me wellent reden und
mich wisen und leren wellent, wie ich tůn sol, das
min leben gebessert werde, also das ich ouch uffe
die gewore sichere strosse kummen môge. do sprach
30 der liebe waltpriester: was sol ich dir sagen oder
leren? ich bin eine arme creature gottes, durch
die er reden oder wúrcken mag alse er wil, und
habe ich ut geret oder wurde noch redende, das
nim von gotte und nút von mir, und ich wil dir
35 sagen usser gôttelicher minnen, alse din leben noch
ist, so stet es sôrgliche umbe dich, wenne wissest,
blibest du in diseme lebene alsus, alse du noch bist,
und stúrbest du also in diner eiginwilliger wisen,
so fúrest du nút in die ewige helle, aber wissest,

das du gros swer vegefúr mústest liden und dar zů
grosses ewiges lones mangelen und bist ouch dar
zů uf eime gar unsicheren múrwen wege gonde und
wandelnde, das gar sere zů vǒrhtende ist, das du
versincken mǒhtest und verfallen. wenne du solt
wissen: alle die menschen, die do lebent usser irme
eiginen vernúnftigen gůtdunckenden willen und sich
har ane lont genůgen und nieman wellent haben
under den sú sich demútikliche underwerffen wellent,
an gottes stat sich ime zů lossende, es sigest du
oder wer die menschen sint, die gont rehte alse die
menschen die do gont an eime sǒrglichen staden.
wenne sú sich út stiessent, so mǒhtent sú wol in
das wasser vallen und ertrincken. ach, lieber mensche,
hie vor hůte dich, das tůt dir sicher rehte not, und
ich rote dir in aller cristenlicher brůderlicher truwe
und usser gǒttelicher minnen, das du dine klaffende
vernúnftige eigenwilligen wisen abe lossest und dich
demútikliche underwerffest eime menschen, dem zů
getruwende ist, dem du dich an gottes stat lossest,
und denne du dich selber und alles das du bist
und alles daz du hest gotte demútikliche gebest und
uf oppfernde bist, also das du mit worheite us
gantzeme hertzen zů gotte sprechen mǒgest, das
alles das du bist und das du hest, das daz gottes
eigin worden si und ouch du danne von dir selben
nút me haltende bist danne dinen eiginen gebresten.
ach, lieber men(93ᵃ)sche, beschehe es nů, das du
alsus noch dirre wise demútikliche wúrdest fallende
zů den fůssen unsers herren und du dich ime in
dise wise lossende und gebende werest, also das du
dich nút von ime wider nemest, so mǒhte es wol
beschehen, das got sin werg über alle nature und
über alle menschliche sinne mit dir wúrckende wúrde,
und dar abe soltest ouch danne du nút erschrecken,
wie got zů dir keme, wanne es mǒhte wol beschehen,
das er sich dir in der erste erzǒigete gar in einer
lústlichen wisen, und mǒhte ouch danne dar noch
gar kúrtzliche beschehen, er wúrde dir zǒigende

IV.

gar alzůmole grosse werg in lidender wisen. dar
abe erschrig nút, wanne sú dir gar frômede sint,
und dis mag dir got wol in einer grossen frúnt-
schaft schenckende sin und mag dich es wol in
5 manigvaltiger frômeder wisen lossen ane fallen und
dar zů grosse manigfaltige trúcke, dar durch du
bereit můst werden, und ouch in solichen frômeden
bekorungen, die dir vormoles nie bekant wurdent.
und zů welre zit dich dise selben frômeden be-
10 korungen werdent ane kummende, so solt du sú
gar dangberliche von gotte enpfohen fúr eine grosse
gnodenriche gobe. und nút enerschrig dar abe:
in welre leyge wise es joch beschiht, so solt du
es gar demůtikliche und senftmůtikliche und dang-
15 berliche von gotte nemmen, des eigin du ouch
worden bist, und los got mit dem sinen tůn in weler
wise er wil. wanne wúrdest du alsus mit der gôtte-
lichen gnoden begobet, so môhte es gar kume sin,
got wúrde dich iemer ettewas noch ettelicher lidender
20 wisen ein teil ime selber noch ziehende werden des
weges, den er selber uns vor gegangen ist, und
alles das dir vormoles in din selbes redelicher sinne-
licher vernunft gar lústlich und in allen dinen eigin-
willigen wercken gar wol smackende was, das môhte
25 dir wol alles umb gekeret werden, und alse gar
lústlich und wol smackende es dir vormoles ist
gesin, alse úbel smackende und widerzeme und
unlústliche wurt es dir danne dar gegene sinde,
wanne got keret sich danne von dir noch din selbes
30 sinnelicher lústlicheit, und wurst du ouch dis in dir
gewar, so enverzage noch enerschrig nút, wanne es
enstunt vormoles nie so wol umb dich, do du lebetest
in din selbes eiginwilliger sinnelicher vernunft. und
ist es ouch, das du dise gerehte sichere strosse gonde
35 wurst, also das du dich gotte alzůmole gebende und
lossende wurst, und ist es ouch danne, alse ouch
wol beschehen mag, das dich got ouch denne selber

---

30 dis] dir

fůrende wurt, so ist wol zů geloubende, das er nút
enlot, er werfe alzů mole dinen alten menschen abe,
und wurst ouch danne alzů mole ernuwet, und wissest
ouch: ebe der mensche do zů kummet, das (93ᵇ) er
ein anderwerbe geborn nuwer mensche wurt, do ge-
hőret e gar vil tőde zů. wenne wissest, der mensche
můs e sime fleische und sime blůte sterben usse-
wendig und sich indewendig alse lange úben und
striten wider alle untúgende, alse lange untze das
alle untúgende in ime us gerútet werdent und alle
túgende sin wesen werdent. der mensche můs e
ritterliche striten, obe das in der herre in sinen
hof nimmet, und dis habent ouch geton die lieben
heiligen und die lieben marteler, die ir blůt dar umb
vergossen hant. ach, lieber mensche, hie abe solt
aber du nút erschrecken und du solt es nút also
uf nemmen, das du mőhtest gedencken, das du ouch
din blůt můstest vergiessen, alse die marteler geton
hant. ach, lieber mensche, die meinunge ist nút
also, und du solt wissen, das got sinen nuwen
heiligen in disen noch gonden hindersten ziten mit
núte me alse herte ist, das er meine, das wir unser
blůt dőrffent vergiessen durch cristins gelouben willen,
alse die lieben marteler hie vor geton hant. got
můtet uns nů in disen ziten nút me danne das wir
unsers eiginen frigen willen abe kumment und uns
demůtikliche und getulteklíche und frőliche lident
in allen den bekorungen, die got uf uns fallen lot,
es sige joch in welerhande weg oder wise das be-
schiht. und, lieber mensche, es kan mich nút volle
wunderen, das wir nů in disen hindersten ziten alse
gar tump und torehte sint, das wir nů der grunde-
losen erbermede gottes nút war nemment, das uns
der milte got in disen hindersten ziten umbe alse
gar kleine ding heilige marteler machen wil. und
har umb soltent wir der bekorungen holt sin und
sú gar liep han. wie gros oder wie frőmede sú

---

2 wúrcke

joch werent, so soltent wir got grôsliche dar umb
loben und dancken, das er uns nŭ von der bekorunge
wegen das selbe grosse gŭt tŭn wil, dar umb die
lieben heiligen marteler hie vor in den alten ziten
5 ir blŭt vergiessen mŭstent. ach, lieber mensche,
und ist es, das du volgende wurst und tŭnde wurst
alse ich vil mit dir dise zit geret habe, und ist es
denne, das dir got nŭt zŭ kurtzen ziten in einer
ŭbernaturlichen wisen entwurtende wurt, so solt du
10 dich in den grunt sencken und demŭtikliche nider
slahen und solt dich sin alzŭ mole unwirdig duncken
und solt dine begirde von demŭtikeit verwerffen, und
tŭst du dis gotte mit gantzeme hertzen und mit
eime demŭtigen getruwende das du zŭ gotte hast,
15 so wissest, so ist gotte des wol zŭ getruwende und
zŭ geloubende, so du aller minnest wenest, er kumme
zŭ dir alse gar miltikliche, also das er siner (94ᵃ)
milte nŭt enberen mag, er giesse in dich und ŭber-
schŭtte dich mit alsolicher ŭbernatŭrlicher lieht-
20 schinender frôideuricher goben und gnoden, die do
kummet us dem wercke des heiligen geistes, also
das du danne in keinre hande wise oder weg kanst
gemercken noch gedencken, wie dir beschehen si.
und mag ouch wol uf die selbe zit beschehen, das
25 du alsoliche grosse frômede frôliche wunder befindende
wurst, die dir noch gar alzŭ mole frômede und un-
bekant sint. ach, lieber mensche, ich mŭs dir me
sagen, aber in einer warnenden wisen, wenne wissest:
ist es, das du gotte alsus dinen eiginen frigen willen
30 wurst uf oppfernde und gebende in allen den stŭcken
und wisen, alse dir geseit ist, und wurt dich ouch
danne der heilige geist ŭbernatŭrliche wege fŭrende,
so solt du gewarnet sin. wanne wissest: so es die
bôsen geiste gewar werdent, so sint sŭ gar sere
35 dar abe erschreckende und sŭ lont ôch denne nŭt
abe, sŭ vehtent dich danne erst zŭ etelicher zit an
mit gar grossen frômeden bekorungen in gar vil
manigvaltiger wise, die dir ein teil alse frômede
sint, wanne sŭ dir vormoles gar unbekant worent

und (du) ir nie me befünde. und dis verhenget got
über einen alsolichen menschen in der wise, daz er
in von allen sinen sünden reine haben wil. ach,
lieber mensche, und ist es, das du dirre grossen
manigvaltigen bekorungen gewar wurst und sú befindest, alse dir geseit ist, danne so gehabe dich
wol und dancke gotte sinre gnoden, wanne wissest,
das es danne bas umb dich stot danne es noch ie
gestunt. wanne got der nimmet dir in der lidender
bekorender wisen abe die flecken aller sünden in
der meinungen, das er gerne vil unbeflecket bi dir
wonen möge. ach, lieber mensche, und ist es, das
du dise wege, alse dir geseit ist, gefüret wurst, so
wissest, so tůt dir danne ouch not, das du din selbes
mit ernste war nemmest und zů dir selber lůgest,
wo du dich selber inne vindest minnende oder
meinende. in was sachen das ist, do lůge, das du
dich zů stunt gotte dar inne lossest, und dis tůt dir
not: wanne du vormoles dinen eiginen frigen willen
gotte geben hast, so los ouch gotte das sin ist und
beroube ouch got nút in keinre hande sache. das ist
gůt, und lo dir wol gefallen alles das got mit dir
und mit allen creaturen getůt. do (von) lidige dich in
den sachen und sist du sin mússig und hap flis und
ernest und lere dich selber in dir selber in einer
stille halten und lere das üssere in manigvaltiger
unnotdurftiger sachen dusse lon und behep das inre
do inne in dem einigesten eine, der dir noher ist
denne du dir selber bist. ach, lieber (94ᵇ) mensche,
ich bekenne von der gnoden gottes wol, das ich vil
wort mit dir geret habe, die dir noch in din selbes
sinnelicheit gar wilde und unbekant sint, und sol
dir út bekant werden, so můst du e einen anefang
tůn und můst e alles din leben umbe keren und
můst anders leren und můst dicke und vil in dir
selben zu schülen gon und můst in din selbes schůle
demůtikliche und ernestliche den geworen schůle-

---

28 innigesten, *vgl.* 49,7 f. 28. 38.

meister ane rŭffen und in demŭtikliche bitten, das
er dir dine súnde in dime versumeten lebende ver-
gebe und dich nŭ lere, wie du uf den sicheren
fúrsich gonden weg kummest. ach, lieber mensche,
5 wissest, nimmest du dirre indewendigen schŭlen mit
eime grossen demŭtigen erneste war und ŭbest dich
selber vil und vaste in din selbes schŭle, so maht
du es so vil und so lange in din selbes verworffen-
heit triben untze an die zit, das du ettewas geleret
10 wurst, und es mag ouch denne wol beschehen, so du
es aller minnest truwest, das danne der grosse
meister, der heilige geist, in dine schŭle kummet
und selber din schŭlemeister wurt, und der mag
dich ouch wol denne den sicheren geworen weg
15 lerende werden, also das du danne durch in din
selbes gewaltig wurst und geleret wurst, das du
der naturen heimelichen gesŭch und des túfels
listige behendikeit merckende und bekennende wurst.
und wurst du also von dem heiligen geiste in dirre
20 schŭlen geleret, so ist one zwifel zŭ geloubende, do
hange noch me ane, also das du ouch denne be-
findende wurst fride und frŏide in dem heiligen
geiste, und wurst ouch danne in din selbes nature
befindende alsolichen frŏidenrichen trost rehte in
25 aller der wise alse werest du usse eime vinsteren
tieffen turne und gevengnisse kummen und werest
in frŏide gefŭret und gesetzet in das irdensche
paradis. und ist es ouch das du dise ding befindest,
danne so enmag es gar kume gesin, du vindest din
30 hertze zŭ den ziten alse gar foul friden und frŏiden,
das dir danne gar notdúrftig ist, das du din selbes
war nemmest und faste in dich selber truckest und
verhebest, das du nút us brechest und jubelierende
wurst. aber du solt wissen, der mensche der hie
35 zŭ kummet, der tŭ wie er welle und verhebe, wie
vaste er welle, mit allem sime vermúgende, es mag
noch danne gar kume gesin. die frŏide sines hertzen,
die das lipliche hertze von der selen in einer úber-
natúrlichen wisen enpfangen hat, die selbe frŏide

die ist so gros in eime solichen menschen, das es
gar kume gesin mag, men sehe es ime zů manigen
ziten ane an sime usseren wandele und an sinen
frőlichen (96ᵃ) geberden, und het ettewas arbeit, wie
er sich des jubels erwert. und wissest ouch, lieber
mensche, das es eime solichen menschen not tůt,
das er sich hůte vor blinden kalten menschen. ach,
lieber mensche, und wurt der heilige geist sin úber-
natúrlich werg mit dir wúrckende, so wurst du erst
in dir selber sprechende: nu bekenne ich erst, das
der milte erbarmhertzige got ein wunderer ist in
allen den menschen, die sich ime zů grunde gelossen
und gegeben hant und in einer steten demůtikeit
bliben sint. o, lieber mensche, hilfet dir got, das
du diser úbernatúrlichen goben in dir gewor wurst
und zů der grossen gnoden kummest, so wol dir,
das du ie geboren wúrde, wenne wissest, zů welme
menschen der heilige geist mit sinre befintlichen
úbernatúrlichen gnodenrichen goben kommende ist
und in růrende ist, wele zit das in dem jore ge-
schiht oder uf was hochgezites das geschiht, do en-
weis ein solicher mensche uf die zit von keime
hochgezite zů sagende, wenne der mensche befindet
uf die selbe zit alle hochgezit in sele, in hertzen
in frőidenricher wunne alle in eime hochgezit be-
slossen, die hochgezit sint joch wie sú genant sint.
und es het mich úber alle mosse sere frőmede und
enkan mich niemer me volle wunderen, das nút alle
cristene menschen stritent und ilent und vehtent
alse lange, untze das der mensche mit der helfe
gottes erwúrbe, das er wol do zů kummen mőhte,
das er einen vorsmag der ewigen selikeit in ime
befinden mőhte. ach, lieber mensche, es ist ein
rede, das men sprichet, men mőge nút zwey himel-
rich haben hie und dőrt. do nů ein mensche mit
eime solichen steten stritenden und vehtenden kamppfe
sin eigin fleisch und den túfel und die valsche welt
úberwindet, alse lange untze das der heilige geist
mit siner úbernatúrlicher frőidenrichen gnoden zů

ime fröliche und früntliche kummet, ach sicher! der
mensche het denne wol hie in der zit mit sime
herren und mit sime gotte ein vorhimelrich und
dar noch das andere himelrich noch dirre zit iemer
5 me ewicliche. also mag der mensche hie in der
zit wol dar zů kummen, das sin himelrich hie ane
vohende wurt und dôrt ewicliche weret. also ge-
winnet der mensche billiche zwey hymelrich, der
sich nuwent gentzliche und fröliche wolte gotte
10 und sinen fründen [wolte] lossen und getruwen. ach,
lieber mensche, wissest, so du lenger bi mir bist,
so du mich me erbarmest. wanne ich von der
gnoden gottes wol bekennende bin, das du ein
sinnelicher vernünftiger gůthertziger mensche bist
15 und du noch alse gar lútzel verstost und weist von
den drien kreften zů sagende und doch gar gros
gůt inne beslossen ist. ach, und würdest du alse
din leben umbe kerende noch der wise alse dir hie
vor geseit ist, so môhte (95ᵇ) es wol beschehen,
20 das du von gnoden über alle dine sinnelicheit berůret
würdest, und so würde ouch dir der gloube erlühtet,
das du alse vil grosses kreftiges gelouben in dir
vindende würdest, das du in dir selber anders nút
gemercken noch verston kundest, wenne das der
25 gloube ein gantz gewor wissen in dir worden were,
und du würdest ouch in der gnoden bekennende
werden, das du dich sin weren můst, wenne dir
wurt zů bekennende gegeben, das dir der geloube
weger ist wenne du ein gewor wissen bekantest.
30 nů die ander kraft das ist die zůversiht, die wurt
dir in gotte alse gar übernatúrliche übersinneliche gros,
das (si) über alle mensche[n]liche sinne triffet, also
das du nút anders maht wellen wenne alse got wil.
nů die dirte kraft daz ist gôtteliche minne, die wurt
35 in diner selen alse gar kreftig und inbrünstig über-
natúrlicher flammender hitziger bůrnender minnen
alse gar foul geschúttet, also das dine sele über-
fliessende wurt in din hertze, das do von din hertze
alse gar foul bůrnender minnen wurt, und wurt die

IV.

minne in dem hertzen so gar hitzig gros, das das
hertze zů vil ziten begerende wurt, were es sines
geminneten wille, daz es gerne einen strengen tot
litte one alles warumb durch sines geminneten
willen, und dise minne wurt ouch alle vorhte von 5
dem hertzen tribende. nů, lieber mensche, diser
dinge bist du noch nút gewar worden, und dar umb
ist es dir in den sinnen noch gar unbekant und
ettewas ungelôiplich, und tůt uns doch not, das die
cristenheit alsoliche menschen habe, und do sú sint, 10
do sint sú doch der gemeinde der cristenheit gar
unbekant. ach, lieber mensche, ich habe lange zit
gar vil worte mit dir geret beide tages und nahtes,
und mich dunckhet, es si genůg, wenne ich vŏrhte,
das ich in leider vollekomenliche nie gelebete. har 15
umbe habe es nút fúr úbele und stos dich nút dar
ane, wanne die wort sint durch gůt beschehen in
der meinungen dich uf ein gewor vollekomen demůtig
leben zů fúrende, und obe es ouch beschehe, das du
dich gotte gebest und alse lange durch din selbes 20
nature brechende wúrdest untze an die zit, das dich
der heilige geist übernatúrliche růrende wúrde, wie
du dich danne halten soltest. ach, lieber mensche,
wissest, das ich nút alse vil worte mit dir geret
hette, wenne des ich geloube, das ich dich in dirre 25
zit nút me sehen sol, und ich bitte dich und mane
dich der grundelosen erbermede gottes und alse
hohe ich dich gemanen mag, das du alle dise wort,
die ich ietze lange zit mit (96ª) dir geret habe, nút
von mir nemmest, und nim sú alleine von gotte: 30
usser der minnenquellen alles gůt fliessende ist, und
globe mir ouch, das du es niemer wellest von mir
gesagen und mich ouch nút vermeldest wer ich si.

Do sprach der sinneliche eiginwillige mensche: ach,
lieber herre, ich wil úch gerne globen, das ich úch 35
niemer vermelde noch dise minnesammen wort, die
ir in so grossen truwen lange zit zů mir gesprochen

---

17 *lies* got?

hant, niemer von úch gesage. doch so bitte ich
úch ernstliche von grosser gôttelicher minnen, das
ir mir erloubent, das ich dise selben gûten wort
môge abe schriben, wenne ich sú alle gar wol in
5 den sinnen behebet habe, und ich wil sú ouch mit
uwerme urlobe in der meinungen schriben, das ich
min leben der noch mit der helfe gottes umbe keren
und besseren wil, und ouch das ich es minen
genossen und minen gesellen zôigen und sagen wil.
10 do sprach der liebe waltpriester: es ist mir liep,
und ich erloube dir gerne, das du es abe schribest,
also das es nieman befinde. wanne befúnde men
út von mir, ich ginge in ein ander lant, do ich
unbekant were, und blibe bi núte hie.
15 Also nam der sinneliche vernúnftige wolredende
man urlop von dem lieben heiligen waltpriester und
schiet von ime des jores do men zalete von gottes
gebúrte dritzehen hundert jor drissig und ahte jor,
und besserte sin leben gar grôsliche. und dar umb
20 ist es nútzlich und gût, das men volge den gottes
frúnden und gerne lebe noch irme rote one eigin-
willikeit, und das men sich mit alleme flisse ernest-
liche hûte vor manigfaltigen sinnelichen unnotdúrftigen
behenden worten, do von die nature gefúret wurt
25 und nút der geist.

V.

Dialog eines Klosterbruders mit einem jungen Priester namens Walther 1347.

(262ᵇ) Dis ist ein exemplar der grossen grunde-
losen gûte und erbermede gottes, das billiche alle
súnder reissen sol zû eime geworen ruwen und
do bi sú ouch môgent geleret werden, wie sú
30 sich halten súllent noch der bekerden, alse ein
alter gnodenricher erlúhteter heiliger brûder in

---

20 das] des   26 *die Überschrift rot.*

V.

eime closter lerete einen jungen sündigen priester, hies brůder Walther, dem ein grosser starker unbetrogener kreftiger ruwe wart umb alle sine sünde durch das wirdige liden unsers herren in einre karfritagnaht zů mettin. dis selbe exemplare wart ouch Růlman Merswine, unserme stifter, in sime ersten kere her abe geschriben von sime heimelichen gesellen, dem lieben gottes fründe in Oberlant.

(263ª) Es beschach in einen ziten, das ein junger brůder in eime closter was und der selbe brůder was gar frefels lebendes in maniger hande sünde, do er inne beflecket was. nů beschach es, das dirre selbe sündige brůder in einer karfritagnaht zů mettin wart gonde. in der selben mettin do beschach es, das dirre selbe sündige brůder an das liden unsers herren wart gedenkende und viel ime ouch das gar sere vaste in, also das ime sin hertze gar sere betrübet wart, do er gedohte an den grossen smertzen und an die grosse martel, die unser herre uffe die selbe zit erlitten hette. und in disen selben gedencken wart, do viel ime in und gedohte in ime selber: ach, du armer sünder und du böser mensche, wie hest du so rehte übele gefarn, das du dine zit mit so vil grosser sünden vertriben hest und din herre und din got so gar grosse minne und truwe zů dir armen sünder gehebet het und alles sin blůt durch dich vergossen het! und in disen selben gedencken wart, do viel diseme selben sündigen brůder ein grosser ruwe in. nů was in dem selben closter in den selben ziten ein wol gelerter alter brůder, der ouch ein bewerter begnodeter erlühteter brůder was, und dirre junge sündige brůder der erbeitete des tages gar kume, das er ehte zů ime keme. und do es wol tag wart, do ging der junge sündige brůder an des alten brůders zelle und bat in, das er es durch got tete und in zů ime in liesse. er lies in hin in und do viel der junge sündige brůder an stette crützewis

uf sin antlit vor ime nider uffe die erde. der heilige
alte brůder viel ouch an stette uffe sine knů und
hůp den jungen mit sinem houbete uf, das er eht
ouch uffe sine knů keme. do sach der alte, das
5 der junge gar sere mit trehenen was begossen über
alles sin antlit. und do sprach der alte: sage mir,
lieber brůder miner, was bristet dir? do sprach der
sünder mit vil süftzenden trehenen: ach, heiliger
lieber vatter, ich bin ein grosser sünder und wolte
10 üch bitten, das ir mine bihte woltent hören. nů
mag ich es von krangheite wegen mins hertzen nů
zů mole nůt wol zů bringen, und do von bitte ich
üch, wenne ich es zů mag bringen, das ir denne
wellent mine grosse sünde hören. do sprach der
15 heilige altvatter: sage mir, lieber brůder, ist dir
nůt leit alles das, das du wider got geton hest?
do sprach der sünder mit fliessenden ougen: jo,
heiliger vatter, es ist mir also leit, das ich hüte
gerne wolte welen einen bittern tot zů lidende
20 unsers herren tot zů eren in der meinungen, (263ᵇ)
das ich mit keinen sünden nie wider in geton hette.
an stette wart, do umbving der alte heilige brůder
den jungen sündigen brůder under sine arme und
weinde von rehter fröiden mit dem sünder, und dar
25 zů gap er ime das betze an sinen backen und
sprach do zů ime: swig, lieber brůder und lieber
sun miner, gehap dich wol! und wie das ist, das
du mir nů zu mole dine sünden nůt gesagen maht,
so wil ich dir doch von der kraft gottes appelos
30 sprechen. und do er das getet, do sprach er do:
sich, lieber sun, ich besetze dir keine ander bůsse
wenne die bůsse, die unser herre den sündern besatte.
der sprach: gang und sünde fürbas nůt me. sich,
lieber sun, dise bůsse besetze ich dir ouch und
35 gehap dich wol! du hest in dinem ruwigen widerker
gnode in gotte funden. nů gang, lieber sun, und
tů dir selber ettewas rehte, das du nůt ein krang

---

19 wellen, *das erste* l *ausradiert.*

houbet gewinnest, und so es denne morne frůge wurt, so getruwe ich denne, das du stercker sist denne du nů zů mole bist, und so los uns denne aber zů samene kummen. und an dem osterobende frůge wart, do koment sú aber zů sammene. do hůb der 5 junge brůder ane und tet dem alten brůder gantze bihte und bihtete ime gar vil grosser súnden mit súftzenden weinenden worten. und do die bihte us kam, do sprach der junge brůder zů dem alten: lieber vatter, nů gent mir bůsse, und wie vil der 10 ist und wie herte und wie swere sú sint, die habe ich alle rehte wol verschuldet, und wissent das: und solte ich mir selber bůsse geben, ich gebe mir, das ich niemer messe me gespreche und ginge in einen walt, die wile ich lebete, und wolte leben des die 15 tier in den welden lebent, wanne ich bin nút wirdig, das ich under cristenmenschen wonen sol. ach, heiliger vatter, ich bin nút wirdig, das mich das ertriche tragen sol. der alte heilige brůder sprach: ach nein, lieber brůder und lieber sun miner, gehap 20 dich wol! es stot wol um dich und sol noch bas stonde werden. ich wil dir sagen, was ich dir zů bůsse besetzen wil. so besetze ich dir fúr alle dine súnde, das du die súnde nút me tůst, und bi gehorsame so heisse ich dich, das du dich bereitest und 25 noch hůte messe sprechest, so wil ich dich fůren an eine heimeliche stat, do nieman ist denne ich und du, und wil dir ouch selber helfen zů der messen. do sprach der junge brůder: wie sere mir das ist, so sol ich úch doch billiche gehorsam 30 sin. aber ich vörhte, das ich die messe kume vor weinende us bringen möge. do sprach der alte: das los zů gotte. und do es wol in den tag kam, do gingent sú an eine heimeliche stat und hůbent (264ᵃ) die messe ane. und er tet die messe mit manigem 35 grossen súftzen und mit fliessenden ougen, und do er die messe mit grosser erbeit us brohte und den segen gegeben hette und sich wider umb gegen dem alter gekeret hette, so siht er rehte an stette das

aller schöneste minnenklichste frowenbilde, daz er der
schönen clorheit nút erliden möhte, und er neigete
sich also uffe den alter, und der alte brůder nam
sin war und satte in balde an dem alter nider uffe
5 einen sessel und do was er von ime selber kummen,
und do lies er in rehte in der růwe untze das er
wider zů ime selber kam, und do er wider zů ime
selber kam, do lies er einen starcken súftzen. der
alte sprach: lieber sun, was ist dir oder hest du út
10 gesehen? do sprach der junge brůder: ach, lieber
vatter, so getruwe ich das und gloube das, das ir
es vil clerlicher gesehen habent denne ich es ge-
sehen habe. do sprach der alte: ich habe gesehen,
das du den in der messen zů dir genummen und
15 enpfangen hest, den herren, in dem alle ding be-
slossen sint. mir ist aber wol, lieber sun, du habest
ettewas sunderre gesiht gesehen. ich bitte dich,
das du mir sagest, was es si. do sprach der junge
brůder: ach, lieber vatter, ich wil úch sagen.
20 do die messe vollebroht wart, do sach ich mit
minen liplichen ougen das aller schöneste minnenk-
licheste frowenbilde vor mir uffe dem alter ston,
unde sach mich das alse gar früntliche ane und an
stette do neigete es mir und was ouch do an stette
25 enweg, und duncket mich des, das ich grosse kraft
in miner naturen befunden habe. ach, lieber heiliger
vatter, ich bitte úch, das ir mir hie von ettewas
sagent, was es gewesen ist. so sprach der alte
brůder: lieber sun, ich wil dir sagen, es ist ein
30 bilde von unserre lieben frowen gesin, der lieben
můter, die allen wider kerenden súndern eine helferin
und ein trösterin in allen iren erbeiten ist. aber
wissest das, daz es nút die můter gottes ist gesin,
alse sú in dem iemer werenden ewigen wesende an
35 ir selber ist, und soltest du sú in der clorheit also
gesehen haben, und were es denne múgeliche, das
dine liplichen ougen aller der ougen kraft hettent,

---

31 allen] aller

die ie uffe das ertriche koment oder iemer dar uf kummen sŏllent, und were es denne múgeliche, das die clorheit der gesiht alle alleine in dinen ougen alleine beslossen were, du mŭstest noch denne an der selpselben stette erblindet sin. ich wil dir sagen, 5 lieber sun, du solt unserre lieben frowen dancken des grossen gŭtes, das sú dir in irme bilde grosse kraft gesant het. aber ich wil dir sagen, (264ᵇ) dis bilde das du nŭ zŭ mole gesehen hest, das ist noch an dir gŭt gesin, alse es noch umb dich stot. 10 aber beschiht es nŭ me hin, das dir me soliche bilde in der selben wise oder in einer andern wise fŭr gehebet werdent, so nút enlos, du sagest mirs anstette, anders du mŏhtest zŭ ettelichen ziten wol betrogen werden, wenne ime ist nút allewegent zŭ 15 glŏbende noch zŭ getruwende, und ist das sache, das die bŏsen úbeln geiste in den lúfteln wol vil und maniger hande bilde an sich genemen kúnnent, do mitte sú einfeltige menschen gerne in irrunge und in geistliche hoffart brehtent, unde sich, lieber sun, 20 es ist ein kleines ding, das der mensche in bildericher forme befindet, und du solt wissen, das es noch gar verre von dem besten und von dem nehesten ist, do der mensche hie in der zit mit der helfe gottes wol zŭ kummen mag. do sprach der junge 25 brŭder: ach, lieber vatter, mag das ieman geleren, das begere ich an úch, das ir es durch got tŭnt und mich armen súnder ouch wisent und lerent. do sprach der alte: ach, lieber sun, das mag nieman geben denne der heilige geist, der ouch meister dar 30 úber ist. aber doch kum aber morne zŭ mir. wil es denne got, und bist ouch du sin denne begerende, so wil ich dich mit der helfe gottes bewisen, was der anevang si.

An dem ostertage, do sú beide messe gesprochen 35 hettent, do kam er aber zŭ dem alten brŭder und viel fúr in nider uffe sine knŭ und bat in gar demŭtikliche, das er es durch got tete und in wisete und lerte den weg, der do ginge zŭ dem aller

nehesten, do der mensche in der zit zů kummen
mag. wanne, lieber vatter, mir ist hinaht gar swerliche
in gefallen, das ich mine zit gar dǒrliche und gar
sůntliche vertriben habe, und habe gedoht, das es
5 mir nů not tůt, das ich nů geswinde sůche und
gar balde ile noch dem aller besten, und wie sure
mir das werden sol, das sol ich tůn, das min herre
und min got deste e vergesse der verlornen zit, die
ich alse gar sůntliche vertriben habe. do sprach
10 der alte: lieber sun, das ist nůt alse gar ge-
swinde zů tůnde, got, der heilige geist, gebe dir es
denne unverdienet, alse er es dem lieben sancto
Paulo gap. aber, lieber sun, wilt du, ich wil dir
gerne den anevang sagen, alse (es) denne got gebende
15 ist. do sprach der junge brůder: ach jo, tůnt es
durch got, wisent mich und lerent mich, wie ich es
ane vohen sol. do sprach der alte: so wil ich dir
sagen den anevang. wilt (265ᵃ) du zů eime solichen
lebende, so můst du zů dem aller ersten leren alle
20 untůgende mit tůgenden gotte gelten, und wil dir
sagen, wie du tůn můst. alse du dich hest gelossen
uberwinden des fleisches unart, do můst du dich nů
mit kraft mit der helfe gottes dergegene setzen
und můst dich nů alse reine halten mit allen den
25 trůcken die dar uf vallende sint. wenne der bǒse
geist und din eigin fleisch die lont nůt abe, sů
werdent dich gar grǒsliche ane vallende mit maniger
hande bekorunge, und wenne ouch das beschiht und
du der unreinen bekorungen gewar wurst, es si tag
30 oder naht, do tů din gewant abe und slach dich
mit einer geischeln untze an die stunde, das dich
selber dunket, das es gnůg geslagen si. und alse
du denne gesůndet hest mit hoffart, das můst du
nů leren mit grosser demůtikeit indewendig und
35 ussewendig gotte gelten und bessern, und alse du
gesůndet hest mit gritikeit und mit ungehorsamikeit,
das můst du alles bessern und můst alse milte und
alse gehorsam dar gegene sin, also das alle die
menschen die dich bekennent, das sich die besserent

abe allen dinen demůtigen gehorsamen worten und werken und abe allen dime wandele, und alse du gesúndet hest mit zorne, also můst du nů dar gegene leren ein senftmůtiges hertze indewendig und usse- wendig haben. ich wil dir sagen, lieber sun, lo dir es kúrtzen. alse du dich mit disen súnden und mit vil andern súnden, die du selber wol bekennende bist, verschuldet hest, sich, lieber sun, do můst du fúr ie die súnde, fúr ie die untugent eine tugent dergegene mit der helfe gottes us machen. und sich, lieber sun, wenne du dis nů wol gelerest und wol geůbest, also das alle dine súntlichen untugent- haften werg, die du vor moles geůbet hest, daz die alle zů gôttelichen tugenthaften wercken gewandelt werdent, und wenne ich des in dir sihe und befinde, kan ich dich denne fúrbas geleren, das wil ich mit der helfe gottes gerne tůn. und nút zúrne sin, lieber sun, obe ich dir dise lere zů blos geseit habe, wanne, wissest das, lieber sun, das der ungeúbeten tugent nút wol zů getruwende ist. do sprach der junge brůder: ach, lieber vatter, ich begere an úch, das ir got fúr mich bittent, das ich dise gůte lere, dise gůte letze wol lerende und ůbende werde, wanne sú mir gar wol gefallende ist, und got der si uwer ewiger iemer werender lon!

Do dise lere, dise rede beschach, do ging der junge brůder an stette zů und vieng ane und ůbete sich in allen túgenden und in allen den tugenthaften werken (265ᵇ) und wisen, alse ime der alte brůder bevolhen hette, wol uffe anderhalp jor, also das es ime doch gar sure und gar we tet, obe es ie dar zů kam, das alle sine untugenthaften súntlichen werg und wisen zů allen tugenthaften gôttelichen wercken und wisen wurdent. aber do es dirre junge brůder mit der helfe gottes vollebrohte und das alle unart súntlicher un- tugent von ime kam und alle túgende sin wesen wurdent, in der selben aller ersten zit wart, do es nuwent beschehen was, do beschach es eins tages, do dirre selbe junge brůder obe tische in dem refentor under

den brůdern sas, das er einen grossen starken sůftzen
lies, und in dem selben sůftzen do neig er hinder
sich an die want und regete sich do nút me. die
brůdere erschrockent gar sere úbele alle umb in,
5 wenne sú worent ime von siner grossen besserunge
und sins gůten senftmůtigen wol geordenten de-
můtigen lebendes, das er an sich genummen hette,
gar usser mossen holt worden, und gingent die
brůder alle zů und regetent in und rette(n)t zů ime.
10 aber es besserte nút. aber ir gingent ein teil dirre
brůdere gar geswinde in des priols stúbelin und
fundent den alten heiligen brůder, sinen bihter, bi
dem priol obe tische sitzende, und die brůder
sprochent zů in: ach kummet balde mit uns in
15 den refentor. brůder Walther, der junge brůder,
der sich alse rehte wol gebessert het, der ist hinder
sich an die want gefallen, und wissent nút, obe er
tot si oder in das parlas geslagen het. der priol
und ouch der alte brůder gingent beide mitteinander
20 gar geswinde in den refentor und fundent in also
sitzende an der wende. sú regetent in ouch und
lůgetent wie ime were. der priol sprach an stette:
ich rote, das men balde gange noch eime artzatte,
wanne mich dunckel, das parlosin habe in troffen.
25 do sprach der alte heillige brůder: vatter priol,
nút entzúrnent, wenne es dunket mich nút und
widerrote es in allen truwen, und es ist nút alse ir
wenent, und wissent das, das mich fúr die rehte
worheit dunckel, das er verzucket si. do sprach
30 der priol und die brůder alle: das sint gůte mere!
und sprochent do: lieber vatter, was rotent ir denne,
das wir mit ime tůn sollent? do sprach er: so rote
ich, hant ir nút gessen, das ir volles essent und
in gotte bevelhent und in lont also sitzen, und
35 wenne ir gessent, so gange uwer iegelicher an sin
gemach, also das keine zit von sinen wegen ver-
sumet werde, unde ich wil sin gerne war nemen
und ouch hůten. und do er also gesas rehte alse
ein tot mensche untze an den obent, do lies er einen

süftzen, und do rette der alte heilige brůder (266ᵃ)
zů ime und ermůnderte in, und er geriet sich do
ein wenig regen. und do dis der alte brůder gewar
wart, do hies er die andern brůder alle an stette
zů ime kummen, in der meinungen, das sú die wunder 5
gottes soltent sehen. und do die brůder alle hin
in koment, do lies er die brůder alle gewar werden,
das er noch nút tot was, und hies do balde, das
men ime ein bette machen solte, und noment in do
die brůder und trůgent in an das bette rehte alse 10
einen toten menschen, wenne das eine, das sú sins
otemen wol gewar wurdent. und do sprach der
alte: nů gont alle in uwern friden! ich wil sin
war nemen. und der alte tet alles das er vermôhte,
das er in volles ermůnderte, das er wider zů ime 15
selber keme. und do es wol uffe drige stunden in
die naht wart, do kam er ettewas wider zů ime
selber. do rette der alte alse lange mit ime untze
an die zit, das in duhte, das er wol widerkummen
were, und do hies er in an dem bette bliben ligende 20
und růwen alles das er vermôhte, in der meinungen,
das er wider zů liplicher kraft keme. und do es
mitter naht wart, und die brůder mettin lutent, do
mahte sich der alte brůder abe dem bette und wolte
sine mettin betten und tet alse lise alse er iemer 25
kunde, das eht der junge brůder an siner růwe
blibe. es half aber nút. der junge brůder was vor
erwachet, und er sprach zů dem alten: lieber vatter,
ich habe uwer geschonet, das ich nút getorste abe
dem bette kummen, ich vorhte das ich úch ettewas 30
uwere růwe beneme. do sprach der alte: lieber sun,
wilt du denne, so lig also stille und růwe me, so
wil ich gon in den kor helfen mettin singen. do
sprach der junge: ach, lieber vatter, ich mag keine
růwe an dem bette me gehaben, ich helfe denne 35
ouch e mettin vor singen. der alte und der junge
gingent beide mitteinander zů mettin. das nam die
andern brůder alle gar gros wunder, wie es gesin
môhte. und do die mettin us kam, do gingent sú

aber beide mitteinander aber an ire růwe, und do
es dag wart, der junge brůder sprach messe und
tet rehte alle ding rehte alse vor. hie abe nam
der priol und die andern brůdere alle grosse wunder.
5 nů do die brůder gossent, do nam der alte heilige
brůder aber disen jungen brůder und fůrte in mit
ime in sine zelle und sprach zů ime: nů sage mir,
lieber sun, wie beschach dir gistern in dem refentor,
do du von dir selber keme und dich noch dirre
10 zit nút verstunde? do sprach der junge brůder:
was ich denne kan oder mag gesagen, (266ᵇ) das
bin ich schuldig zů tůnde, wenne ich uwers getruwen
rotes und helfe zů allen ziten bedörfende bin. ach,
lieber vatter, ich wil úch sagen, do ich gestern
15 obe tische under den brůdern in dem refentor sas,
do gedohte ich an das liden unsers herren und an
mine verlorne zit, und in den selben gedenken do
entpfůr mir ein súftze, und in dem selben súftzen
do wart der refentor durchlůhtet mit grosseme
20 cloreme liehte. aber do das lieht nuwent kam, do
kam ich an stette von mir selber. aber war ich
kam oder was es was oder wie mir beschehen ist
oder was das lieht was, dis weis ich alles sament
nút, got der weis es wol. do sprach der alte
25 brůder: nů sage mir, lieber sun, wie kan das gesin,
du seist mir iemer wol ettewas me, wie dirs ergangen
si und wo du gewesen bist oder was du befunden
und gesehen hest. do sprach der junge brůder:
lieber vatter, ich kan úch anders nút gesagen wenne
30 das eine, das ich in mir befinde indewendig und
ouch ussewendig in der naturen soliche úbermessige
fröide, das ich alle zit vôrhtende bin, das ich us
breche und jubelierende werde, und was es ist, das
mine sele befunden habe, das wissent, lieber vatter,
35 das ist über alles min bekennen und über alle mine
sinneliche vernunft. und wissent, mich dunket das,
und solte ich ewikliche do sin, do ich vil lihte
kume eins ougenblickes lang was, mich solte wol

---

38 *nach* was *nochmals* mich dunket das und solte ich
ewikliche do sin

V.

benügen, und weis doch nút was es was. aber doch und were es gottes wille, das ich es noch zů einem mole solte haben, dar umb wolte ich gerne einen strengen tot liden. do sprach der alte heilige brůder: ach, lieber sun und lieber brůder miner, ich frowe mich nů erst rehte, wenne du mir nů erst rehte gewore gůte mere geseit hest, und ist das sache, das du nů erst die reht schuldige und gewore genode in gotte befunden hest. und, lieber sun, alles das du vor befunden hest in bilden und in diner sinne- lichen vernunft, das ist alles alse kleine gegen diseme, das du nů befunden hest, alse ein troppfe wassers ist gegen dem gantzen mere. und wissest daz, lieber sun, ich warne dich usser gotte, das du dich hůtest vor den ůbeln schalkehten bôsen geisten, wenne sú lont nút abe, sú werdent grôsliche an dich ver- sůchende, also das sú dich gerne brehtent wider in ire geselleschaft mit stoltzer geistlicher hoffart. und wissest das, lieber sun, ie grôsser die gobe, die der herre git, ie grôsser not es tůt, das men die gobe wol beware und (267ᵃ) wol besliesse, also das sú nieman stele noch roube. und wissest das, lieber sun, das du dise grosse gobe nút bas maht behalten noch behaben, du lossest dich denne selber demůtik- liche dem selpselben herren, der dir die gobe geben und verluhen het. und tůst du ouch das und gist du ime ouch uf dinen eigin willen und alles das du hest, es si in zit und in ewikeit, und getruwest du ouch denne dem herren wol und blibest du also in disen dingen veste und stete an dem herren one alles wanken, so wissest das, lieber sun, das got gar milte und riche ist, sine gobe über alle menschliche sinne zů gebende, und wissest ouch das, lieber sun, und blibest du stete in disen dingen, das du noch vil grosses wunders maht hie in der zit befinden, das der gemeinde der cristenheit gar alzů mole unbekant ist, und das selbe můssent sú

---

37 *lies* des selben?

72 V.

in der zit und in der ewikeit ewikliche darben und
mangel haben. ach, lieber sun, du hest noch eine
grosse erwirdige gobe vor dir, der selben goben,
die du noch nút bekennende bist, und wil dir
5 sagen was die gobe ist. die gobe ist armůt des
geistes. und wenne dir der herre dise erwirdige
gnodenriche gobe schenkende wurt, so solt du nút
dar abe erschrecken und solt sú gar dangberliche
von dem herren enpfohen in grosseme danke und
10 in grosseme lobe dem herren (dank) sagen. ich wil dir
sagen, lieber sun, ich habe ein bůchelin, das habe
ich gesůcht usser der heiligen geschrift, und ist es,
das du út bedarft, so sich in dis bůchelin und
ergetze dich hie mite.

15 Nů beschach es, do dirre junge brůder súben
jar in eime gůten übenden lebende was gesin, in
dem ahtesten jore do nam in got usser der zit, und
do er an sime ende lag, der alte brůder, sin lerer
und sin bihter, der was bi ime an sime ende. do
20 sprach der junge zů dem alten: lieber vatter, ich
bitte úch, das ir es lont uwer wille sin, obe es
gottes wille si, das ich her wider zů úch kumme
und úch sage, wie es umb mich stande. do sprach
der alte: ach, lieber sun, das losse ich zů gotte.
25 wie er es haben wil, das ist mir liep und gevellet
mir wol. der junge brůder starp und kam her
wider zů dem alten brůder. der alte sprach zů ime:
lieber sun, wie stot es umb dich? do sprach der
junge: vatter, rehte wol! und wissent, vatter, das
30 ich nie keins vegefúres befant denne in todes not
an mime ende. do totent mir die bösen geiste gar
leide und hůbent mir alles min alt súntlich leben
uf, aber anstette do die sele nuwent von dem libe
kam, do noment sú die heiligen engele und fůrtent
35 sú in das irdensche paradis, und sol do inne in
fúnf tagen bereit (267[b]) werden one der bösen
geiste zůtůn, und an dem sehsten dage so sol ich
frôliche uf varn in die iemer werende ewige frôide.

---

6 geisteis.

V.

Nů ist dis das bůchelin, das hie noch geschriben stot, das selbe bůchelin, das der alte brůder dem jungen brůder bi sime lebende gap. und vohet dis bůchelin alsus ane:

Unser herre sprichet: das riche gottes ist in ůch, unde wenne es denne beschiht, das der mensche dem fleische urlop git und got im geneget in solicher wise, alse hie noch geschriben stot, so wissest, das du denne siner gegenwertikeit, siner zůkunft sicherlicher gewar wurst denne ob du es mit dinen liplichen ougen sehest. von dirre zůkunft gottes ist zů wissende, das sich got der selen erbůtet in maniger hande weg und wise. zů dem ersten mole alse ein erbarmhertziger artzat, der mit dem oley siner barmhertzikeit alle ire wunden, die sú von deheime gebresten habe, heilen wil. zů dem andern mole git er sich der selen alse ein wegewise man, der mit sůsseme kosende und mit kurtzewiliger rede ir gelůstig machet die ellenden wege dirre welte, alse er ouch den zwein jungern tet noch siner urstende. zů dem dirten mole so kummet er zů der selen alse ein richer gewaltiger kůnig, der mit milter goben und mit rilicher gnoden umb ire erbeit, die sú durch in erlitten het, einen ewigen kůnig machen wil. und dar umb sprichet got durch Ysayam: dar umb das du uffe diseme ertriche verswachet und versmehet durch minen willen were, dar umb setze ich dich nů in eine iemer werende ewige hocheit. zů dem vierden mole kummet er zů der selen alse ein meister, der sú leret, mit weler ůbunge sú kummen mőge zů dem hőhesten lone und mit weleme lebende sú ime aller bast můge gefallen. und do er in dirre wise wonete uffe diseme ertriche mit sinen jungern, do sprochent sú ime ouch meister. zů dem fůnften mole erschinet got der edeln reinen selen, die ein reine luter hertze het, rehte alse ein gemahel. in

---

1 *die Überschrift rot.*   7 gotte ungeneget   18 kurtze willige   30 kumme

dirre wise erbútet er sich siner trútin in alse gar
vil minne und in alse gar vil frúntschaft, das sú
des nút wonde, das got so vil frúntschaft und minne
mit allen sinen creaturen ie gewúnne alse er ir
5 selpselber alleine erbotten het. dise zůkunft ist
die hôheste und die edelste und die heiligeste und
die frôidenricheste. in dirre zůkunft bewert er ir,
das er selber hie si und ouch selpselber hie ge-
minnet het und ouch iemer ewekliche minnen wil.
10 und (von) dirre heiligen frôlichen wunnen schribet uns
sancte Bernhart und (268ᵃ) sprichet also: o kurtze
stunde und kleine wile! do meinet er, das die
stunde alse kurtz si, das got befintliche hie bi der
gemahelichen selen wonende si, und hie bi wurt men
15 bekennende die wort, die sant Paulus sprichet, die
keinen menschen erloubet sint zů redende. so sprichet
sancte Bernhart usser dirre heiligen zůkunft: ich
vergihe in miner torheit, das got ist zů miner selen
kummen, und der mich froget, wo ich bin, das wisse,
20 do ist got ein lebendige kraft, und do von, wenne
er an mine sele kummet, anstette so ermúndert er
mine súftzende sele: die an ir selber las und trege
was, die wurt verwundet in búrnender minne. min
hertze das vor herte und steinin was, das wurt
25 aller wunnen vol, und er yittet us alles das wider
in ist und zerstôret allen irrtům, und er pflantzet
heilige andaht und buwet túgende, er machet fúhte
das vor gar dúrre was und er erlúhtet das vinster
was und er offenboret das vor beslossen was, und
30 das vor kalt was, das enzúndet er, und ouch von
dirre grossen gnoden allen verstunt ich sine gegen-
wertikeit und von der tieffe siner wisheit und von
der besserunge mines lebendes befant ich sine úber-
flússige barmhertzige gůte und von der widermachunge
35 und nuwerunge mins geistes und mins inren menschen,
do enpfing ich wol ettewas gestalt siner schône und
von dem anblicke aller dirre grossen gnoden, von
den enpfing ich gros wunder. und do ich befant
die grosse manigvaltikeit siner grossen sterke, môhte

V.

ich derabe erschrocken sin, ich were erschrocken, und do got von miner selen kam, do erlasch dise lústliche befintliche gnode alle zů glicher wise, rehte alse do men einen wallenden siedenden hafen das fúr dannan tůt. hie ist ouch ze wissende, das dise wandelunge, die got mit siner zůkunft an der geistlichen selen ůbet, nút beschiht von gottes wandelunge, wanne er an ime selber unwandelber ist, sunder es beschiht von wandelberkeit der geistlichen selen, und so sú es demůtikliche von gotte neme, so môhte ir grosse gnode und grosser fröidenricher trost in zit und in ewikeit der von werden. aber sprichet sant Bernhart: wie du gotte begegenst, alse bekummet er dir anstette uf der strossen. und do von, wenne des geistlichen menschen erste andaht geschiht in hitziger ruwe umb alle die súnde, die er vor gotte schuldig ist: und do von ist got und heisset ouch ein vatter der erbarmhertzikeit und begegent der geistlichen ruwigen selen mit dem oley siner barmhertzikeit rehte alse ein artzot, der ir (268ᵇ) alle ire wunden heilen wil. und in dirre zůkunft git er ir zwo genoden: die erste, das er ir alle ire súnde vergit, die andere, das er ir ire consciencie lútert und stillet und fridet, also das sú niemer keine gruweliche vorhte me gehaben mag umb alle die vôrdern súnden, die sú vormoles geton het. und do von sprichet aber sant Bernhart: was mir got vergit, das vergit er alse gar alse obe es nie beschehen were. und do von ich alse wenig keine rúwe und keine sorge mag gehaben umb die súnde, do ich nie schulde an gewan, alse wenig mag ich keine vorhtsame rúwe gehaben umb alle die súnde, die mir got vergit. des hant wir urkúnde an sancte Marien Magdalenen: do got ir ire súnde wolte vergeben, do sprach er: alle dine súnden sint dir vergeben und: gang in friden, und hant denne urkúnde, das got keinen siechen gesunt mahte, er

---

4 *lies* einem? 11 grosser] grosse *am Zeilenschluß*.

vergap ime dar zů sine súnden. wenne nů die geistliche sele von súnden kummet und ir ire consciencie gelútert und gefridet wurt, alse sú denne vor bat mit bittern ruwetrehenen, das ir got ire súnde ver-
5 gebe, also bittet sú nů got mit minnesammen senften sůssen trehenen, das sú got wise und lere, wie sú ir leben rihten sólle, das sú ime ettewas gedanke siner barmhertzigen gnoden. wanne denne got gar milte und gůt ist, dar umb gewert er sú der bette
10 und bekummet ir alse ein wegewiser uffe der strossen und git ir zwo goben. die erste gobe, das ist geistliche verstandenheit, die andere entzúndunge der begirden. die erste, wie sú gon súlle, die ander, das sú das ane griffe zů tůnde, das sú do bewiset
15 ist. von disen zwein goben vindent wir urkúnde in dem ewangelio. do got alse ein wegeman ging mit den zwein jungern uffe dem selben wege, do leite er in die geschrift us. do mitte er in die erste gnode gap. und do got von in kam, do sprochent
20 sú zů sammene: owe wie unser hertze in uns brande, do er mit uns rette! nů sprichet aber sante Bernhart: gottes kosen mit der selen ist anders nút denne ein ingus geistlicher gnoden mit minnender búrnender andaht, und gottes zunge, mit der er zů
25 der geistlichen selen redet, das ist sine rutunge siner begirde. aber der geistlichen selen zunge, das ist hitzige búrnende minnende andaht, und wele sele dirre zungen nút enhet, die ist ein stumme und mag nút mit ir reden noch sú mit gotte. her Salemon
30 sprichet: alle gottes rede ist fúrin von minnen. aber in dem salter sprichet ein wissage von eime heiligen manne, das es gůt si mit gotte kosen, wenne gottes kosen (269ᵃ) habe in in grosser minne entzúndet. aber die gedenke, die wir mit unserme
35 hertzen redent, die sint kalt, herte, bóse unde unwor. alse got sprichet in dem ewangelio: bóse gedenke gont von bósen herten hertzen. und aber sprichet er: wer von ime selber redet, der redet unwor. und do von, wenne wir bóses gedenckent,

das redet unser hertze, und wenne wir uns aber dar
zů kerent und gůtes gedenkent mit minnesammer
andaht, das redet got, und er erhöret unser hertze.
in dirre andaht sprichet des menschen verstanden-
heit (zů) der begirde, das sú zů gottes gantzer frúnt-
schaft nút kummen mag, sú habe denne e volle-
kummene tugent, und do von bittet die gnodenriche
verstandenheit got grösliche, das er ir helfe, das sú
alle inreliche tugent erwerbe. in dirre bette let
got etteliche geistliche sele lange harren und beiten
dar umb, so er sú ie lenger lot beiten und darben,
das er sú zů júngest ie vollekummenlicher und
fruhtberlicher geweren múge, und so dise demůtige
langbeitikeit beschiht, so wandelt got sine zůkunft
und kummet zů dem dirten mole als ein richer kúnig,
der friliche und riliche gobe geben kan. in dirre
zůkunft bringet er ir gobe der tugent. zů dem
ersten git er ir gobe der minnen zů eime gemahel-
schatze, mit der er sú erfrowet und sú ime gemahelt.
und in dirre gobe git er ir noch eine ander tugent,
die heisset fúrsihtikeit, das sú den gemahelschatz
der frúntlichen minne fúrsihtikliche an kúnne gelegen.
und in disen zweyen goben git er ir demůt, mit der
sú die gnode behůte und wol bewar, wenne der
liebe sanctus Gregorius sprichet: wer tugent hat
one demůt, deme ist rehte alse der esche an den
wint treit. von disen kúniglichen goben sprichet
Ysaias der prophete: herre, fúlle mine sele mit
túgenden, von den nieman vollekummenliche gereden
múge. von disen goben stot geschriben in dem
bůche Hester: der kúnig git gobe, alse es siner
kúniglichen wirdikeit wol zimet. nů sprichet sanctus
Gregorius, das die minne nút můssig magi gesin,
sunder wa sú ist, do wirket sú grosse werg. wo
sú aber grosser dinge nút enwúrket, do ist sú nút.
und do von ir got die minne gegeben het, mit der
er sú geedelt het ime zů einer gemahel, do von lot
sú die selbe minne nút můssig gesin, sunder sú
wandelt ir gemůte in der andaht und wurt von

innan begerende an got, das sú noch allen sime willen lebe. in dirre begerenden bette let ouch got ettewenne die geistliche sele lange hangen und senen, wanne die heilige begirde het die ertikeit, so sú
5 got ie lenger (269ᵇ) uf hebet, so sú ie grôsser wurt, und so sú ie grôsser wurt, so sú ie grôslicher und vollekummenlicher geweren mag. sanctus Gregorius sprichet: heilige begirde wehsset von unschulde, und do von so uns got ie lenger lot beiten, so er uns
10 ie vollekummenlicher gewert. und do von noch dirre gewandelberen gotgelossener andaht wandelt ouch got sine zůkunft und kummet zů dem vierden mole alse ein meister und liset der geistlichen selen eine letze vor, und ist es ouch, das sú so selig ist, das
15 sú die selbe letze wol leret und behebet, so wol ir das sú ie wart! wanne in dirre letze leret sú soliche wisheit, in der und mit der sú gotte alse wol gefellet, das sú noch allen sinen willen lebende ist. dise wisheit zieret sú und edelt sú und heiliget
20 sú und mit genoden mahelt er sú, das sú ein gemahel wurt des ewigen himelschen kúniges. und dise erwirdige zůkunft diser grossen wisheit machet sú so herlich und so zierlich und so minnenkliche schône, das got ir selbes gemahel mit gelústlicher minne
25 wil sin. und er sprichet ir ouch denne den spruch in der minne bůche: du bist allenthalben schône und mine liebe frúndin, und ist ouch kein flecke me an dir. dise selbe letze ist so gar grosser hoher wisheit, das sú got niemanne súnderlinge zů legen
30 wil, wenne sú ist so gar fri, das er sú allen menschen fúr geleit het. der selige, der sú hie in der zit uf hebet! und do von ist dise letze so hoher wisheit, das sú got nieman lech noch gap denne sinen lieben zwôlfbotten und allen iren nochvolgern, und er gap
35 sú nút dem gemeinen volke, das ime do in mannigvaltiger wise noch ging. dise letze ist so hoch, das

---

20 ein gemahel, 1 *nachträglich hineingebessert, vorher* gemahen?

V.

sú got niemanne las denne uf eime hohen berge,
nút in dem tal, nút uffe der ebene. weles ist aber
dirre letzen anevang? die do geschriben stot in Matheo,
von der men also liset: do unser herre die menige
des volkes ane sach, do ging er uffe einen berg, 5
und do er nider gesas, do gingent sine jungern zů
ime. do tet got sinen munt uf und las in dise letze
und sprach: selig sint die armen, wanne das himel-
rich ist ir. selig sint die senftmůtigen, wanne sú
besitzent frideliche das ertriche. selig sint die 10
weinenden, wanne sú werdent getrôstet. selig sint
die do hungrig und gar sere tůrstig sint noch ge-
rehtikeit, wanne die werdent gesettet. selig sint
die do barmhertzig sint, wanne in widervert barm-
hertzikeit. selig sint die do reines hertzen sint, 15
wanne sú werdent got sehende. selig sint die fride-
sam sint, wanne sú sint gottes kint. selig sint die
do durehtikeit lident durch (270ª) der gerehtikeit
willen, wanne das riche der himele ist ir. dis ist
die letze von den ahte selikeiten, und von dirre 20
letze der ahte selikeit, do were gar vil von zů
redende, wanne do ist gar vil wiser hoher sinne
inne beslossen, und so denne die edele geistliche
sele in dirre letze wise und andehtig wurt, so wandelt
sú die andehtige wisheit und begert gottes selp- 25
selber alse ires gemahels, alse verre es múgeliche
si und sin wille si. noch dirre wandelunge der an-
dehtigen selen so wandelt ouch got sine zůkunft
und kummet zů dem fúnften mole alse ein gemahel
mit alse gar vil minnen und so gar vil frúntschaft, 30
das von dirre úbernatúrlichen wunnesammen frôiden
alle geschrift und alle rede swigen mûs. wanne
man dise grosse heilikeit in rede schôffen und be-
griffen wil, die do alse gar luter und alse gar hohe
ist, das sú kein sin noch keine rede erreichen noch 35
ergrúnden mag, unde wenne es denne beschiht, das
men do von reden wil, so můs men zů allen ziten
gar usser mossen vil krenglicher dervon reden,
wenne es die rehte worheit vordert. doch so sprichet

der liebe sanctus Augustinus von dirre frólichen
zůkunft einen sůssen spruch und sprichet also: was
ist das fróidenriche sůsse, das ich zů ettelichen
stunden, so ich innerliche an got gedenke, so gar
5 úber alle mosse mit fróiden entzúndet wurde, das
ich mir selber entfrómedet wurde, und weis nút, wo
ich hin gezogen wurde, und zů hant wurde ich er-
nuwet und wurde aller samment verwandelt und
wurt mir úber alle mosse wol, und vil me denne
10 ich ieman gesagen kúnne. alle mine gewissene wurt
erfrowet, und vergisse aller der erbeit und aller der
jomerigen begirden, der ich ie gewan. aller min
můt und min munt sint in friden und vǒl fróiden
und alle mine verstandenheit ist gelútert, und das
15 hertze ist erlúhtet und alle mine begirde benůgliche
erfúllet und entzúndet, und bin anderswo, und ich
weis doch nút wo, und bin von innan alse gar
gefangen, rehte alse hette mich die gǒtteliche minne
mit liplicheme heilsende umbvangen, und weis nút
20 was das ist, wenne das eine, das es ein selig ding
ist, des ich ouch begere zů allen ziten zů habende,
obe es ehte sin wille were, und ringet ouch min
můt dar noch, das min můt und alle mine krefte niemer
kummen von ime. nů sprichet sanctus Augustinus
25 aber zů ime selber: inna! was wenest du das dir si?
wennest du, obe dis si, das du hie befunden hest
diner selen gemahel? so sprichet er in ime selber
und der heilige geist durch in: jo, er ist es gewer-
liche, der dich do heime mit siner sůssekeit sůchende
30 ist. (270ᵇ) nů sprichet der liebe sancte Dyonisius:
můssigent úch, das ir můssig werdent von allen dem
gemerke, das ir habent, wanne ein einigester anblig
gottes der einiget me die geistliche sele denne sú
geeiniget múge werden von allen den wercken, so die
35 heilige cristenheit von ussern wercken ie gewúrkete.
aber e das der mensche hie zů kummen můge, so můs
er e alles das bekennen, das zů bekennende ist,
und durchgangen haben alle die wege, die in der

24 kumme   38 der = dar.

V.

wisen, unde durchvarn und úbervarn habe(n) alle
die ding, das der mensche an keinen dingen hafte
noch beheftet si, noch wollust, noch rûwe, noch kein
bibliben do habe und fúr sich fliesse an sin ein-
faltiges gût das got ist. und wissent fúr wor, sol
die geistliche sele kummen zû der aller lutersten
worheit, so mûs sú sich werfen und geben in die
westunge der vereineten gotheit. wenne nû die sele
eine creature ist, so sol sú sich werfen usser ir selber
und us allen geschaffenen dingen, wanne alle ge-
schaffene ding creaturen sint, und sol sich werfen
und senken in die blosse gotheit, als verre der
mensche mit der helfe gottes mag und ouch mûge-
liche ist, und sol do inne selpselber zû nihte werden,
und alle beschaffene ding mit ime, und ouch von rehter
min(n)e sterben. der liebe sant Johannes sprichet:
got ist die minne, und wenne sich got der selen
offenboret, denne nimet die sele got, und denne ist
ouch got fruhtberliche in der selen und die sele in
gotte. sanctus Augustinus sprichet: herre, ich mag
dich nút geminnen von mins gebresten wegen, aber
ich bitte dich alse verre es múgeliche ist, das du
selber kummest in mich und dich selber minnest in
mir. und aber sprichet er: ist es das ich abe lege
das wesen miner naturen, so sol in mich fliessen und
in mir offenbor werden das wesen götteliecher naturen.
sant Paulus sprichet: gottes zû befinde, das ist ein
tot der naturen. und sprichet denne aber: alles das
got was, das was ich nút, es was got in mir. sanctus
Augustinus sprichet: got kummet mit siner bewegunge
zû der geistlichen selen und berûret sú mit sime
göttelichen liehte úber alle sinneliche vernunft.
sanctus Gregorius sprichet: die sele, die got begriffen
sol, die mûs von wisheit dorehte werden und wissende
unwissende werden. und sprichet denne aber fúrbas:
wer got sûchen wil, der sûche in in der demûtigen

---

8 westunge = wüestunge 18 *lies* minnet? 27 *lies* be-
findende?

gotheit, und wenne denne die geistliche demůtige sele erhitze[n]t wurt von gotte, so wurt sú ir selber alzů enge, und was ir vor begirlich was, das verlúret sú alzů mole. sú mag ouch keinen (271ᵃ) andern
5 trost noch lust haben denne an gotte. sant Bernhart sprichet: es ist eime vollekummen menschen eine grosse ere vor gotte, so in der bôse súndige mensche versmehet und verspottet, aber die grosse, die hohe, die úbertreffende minne gottes, die ist uns
10 alse gar úberfliessende võl, das sú uns den sun von dem vatter her abe geflôsset het, uns zů einer ewigen frôiden, obe wir selber wellent. die minne gottes machet den siechen gesunt und den gesunden siech. es wart nie kein mensche so grôsliche verwundet
15 mit súnden, wúrde ime das plaster der minnen dar uf geleit, alle sine wunden wúrdent heil. des hant wir gezúgnisse an der lieben sancte Maria Magdalenen. die minne gottes machet ouch den gesunden siech. wenne die sele inbrúnstig wurt in der minne
20 gottes, so erhebet sich in ir eine kreftige senunge noch gotte. dirre siechetage můsse uns niemer zerrinnen. dis siechetagen wart gewar die minnende sele an der minne bůche, do sú sprach: ich beswere úch, ir tôhter von Jherusalem, obe ir vindent min
25 liep, das ir ime kunt tůnt, das ich von minnen sieche. die minne gottes machet ouch den gesehenden blint. wanne die wile der mensche der minne blos und lere ist, so wil er alles das verrihten und warnemen alles, das er gesiht und gehôret, und bekúmbert sich
30 do mitte, das ime nút befolhen ist. so aber die minne gottes des menschen hertze besitzet, so ahtet der mensche alles des nút, das bi ime beschiht. er get do hin rehte alse er blint und dôp si. one alleine das wider den willen gottes ist, das snidet
35 ime durch sin hertze. er gebe umb alles das nút eine slehe das die welt geleisten mag, wanne das hertze und die sele bekúmbert sich mit gotte, den sú do minnet, und vergisset aller anderre dinge. die gôtteliche minne machet ouch den touben

gehörende und den gehörenden tŏp. unser herre rŭffet
dir, mensche, so er dich in dime hertzen leret schede-
liche ding miden und ouch dar gegen ůben gůte
werg, die zů gotte gehörent. obe nů die minne
gottes das hertze berůret, so mag es ouch nůt sin, 5
das der mensche e volge des heiligen geistes reten,
und do von das ouch nůt sin enmag, do von erdrůsset
in ouch zů hörende alles das, do von men gesagen
mag das zů götelicher minnen gehöret. und ist
ouch das ein gewor zeichen, das ime götteliche 10
minne gar alzů mole unbekant ist. und in dirre
wise so heisset er ouch ein tŏp mensche. wenne
es aber beschiht, das der mensche entzůndet wurt
in götelicher minne, so volget er ouch des heiligen
geistes reten. so ist ime ouch begirliche zů hörende 15
alles das zů gottes minne und zů sime (271ᵇ) lobe
gehöret. und wenne die minne gottes des menschen
hertze krefteklicbe besitzet, so ahtet der mensche
nůt, was man redet, wie man in handelt. ime ist
ein flůchen alse ein segen. ime ist ein schelten 20
alse ein loben. er get do zwúschent hin alse ebe
er toup si und gehöret doch und ist indewendig
von der minnenklichen gnoden gottes gar wol ge-
hörende worden, also Ysayas der prophete beschribet.
die minne gottes machet ouch underwilen den stummen 25
redende, wanne die minne gelichet me dem fúre,
wanne das fúr het das von naturen, das es us
brichet wo es mag. also ist es ouch, weler menschen
hertzen innewendig búrnent vŏl götelicher minnen,
die menschen kúnnent sich nůt wol zů allen ziten 30
verbergen noch beheben, sú brechent us mit fúrin
worten, do von die lúte, die sú hörent, wol zů ette-
lichen ziten entzúndet mögent werden. die minne
gottes machet ouch den redenden zů eime stummen,
wanne die minne gottes in dem menschen wurt alse 35
vil, mag es der mensche deste minre zů worten
bringen, das selbe das sine sele indewendig befunden
het. und das ist uns bewert an der minne bůche:
do möhte die minnende sele geswigen nůt, und do

6*

sú redende wart, do hettent ire wort einen unvollebrohten sin. sú sprach: min liep mir und ich ime. die minne gottes machet den toren wise und machet die wisen zů toren. wanne aller wisheit eine krone
5 ist die minne gottes, wanne one sú so hilfet alle wisheit nút. des hant wir urkúnde an manigen weltwisen meistern, wanne sú der minne gottes nút enhettent. die minne gottes tŏret ouch den wisen: das er ere unde gůt dirre welte versmohet, das het
10 ouch die welt fúr ein torheit. so aber die minne gottes ie grŏsser an des menschen hertzen ist, so er uffe ere und gůt ie minre ahtet. also sprach der liebe sant Paulus: mir ist die welt und ich ir rehte als einer der an dem galgen hanget. die
15 minne gottes machet figende zů fründen, wanne die minne gestattet dem minnenden hertzen nút, das es keine vigentschaft trage. die minne gottes zerstŏret ouch früntschaft, die selbe früntschaft, die der minne gottes nút zů gehŏret oder sú irret. die minne
20 gottes wecket ouch den sloffenden menschen, wanne der mensche, der e swer was unde trege zů dienende gotte was, den machet sú geringe und snel zů ilende zů allen gůten dingen. sancte Bernhart sprichet: wer an der minne ist hitzig, der ist an
25 dem louffe snel und kummet ouch deste e zů dem zil. die minne gottes machet den wachenden sloffende. so (272[a]) der mensche sloffet, so růwent die wile die sinne, also das er nút ensiht noch nút enhŏrt noch nút ensmacket. also geschiht der edelen
30 minnenden selen, so sú die minne gottes alse hohe gezúhet und mit gotte alse gar tieffe vereiniget wurt, das sú nút alleine der ussern sinne berŏbet wurt, ouch die inren krefte der selen [ouch] ires ambahtes beroubet werdent. und das ist ouch der
35 zarte slof, von dem unser herre sprichet an der minne bůche, so die sele also entsloffet: ich beswere úch, das ir sú iht weckent.

VI.
Die sieben Werke des Erbarmens.

Dis sint die siben werg der erbermede, die unser lieber herre geistliche wúrket mit eime jegelichen menschen, alse dicke er in wirdikliche enpfohet in dem heiligen sacramente. die schreip Rûleman us eins juristen bûch und verbarg dar in sine hitzige inbrúnstige begirliche meinunge, das die wort gemerret wurdent, die er sime ebenmenschen von minnen wol gunde und sú doch von demûtikeit gegen niemant wolte öffenliche us sprechen. und ist ouch ein jegelich werg der erbermede beweret mit der heiligen (119ᵇ) sprúchen und ouch die siben goben des heiligen geistes dar zû geschriben usser eime anderen bûche, das die bewereten lerer gemaht hant, dar us ouch hie zû geschriben ist, wie sich der mensche bereiten sol, das er möge wúrdeklich enpfohen das heilige sacramente, durch das got mit ime möge gewúrken die vorgenanten siben werg der erbermede noch aller wise, alse sú hie noch an diseme gegenwertigen bûche geschriben stont, das alsus ane vohet und sprichet. 5 10 15 20

Dis sint die siben werg der erbermede, die unser herre wúrkende und übende ist mit den menschen. von disen siben wercken so schenket er in die sele die siben goben des heiligen geistes. von disen siben goben so entspringent sibenvaltige fröiden und nútze allen creaturen in himele, in erden und in dem fegefúre. dise herschaft wurt alle vollebroht von eime luteren demûtigen enpfohende, das der mensche tût den heiligen lichamen unsers herren mit eime geworen gantzen demûtigen ruwen und missevalle alles sines súntlichen gebresten, kleine und gros, und mit eime gantzen gûten luteren unbetrogenen willen 25 30

---

1 *die Überschrift rot.* 11 sprúche

und fúrsatze, das er sin leben ernestliche besseren welle.

Das erste werg der erbermede: man sol den siechen gesehen. nů ist der mensche siech von ge-
5 bresten sines súntlichen lebendes, und wenne er nůsset das heilige sacramente, so hat unser herre disen siechen selber gesehen. von diser gesiht so wurt aller siechetage von ime vertriben. hie von sprichet sanctus Ambrosius: ich wurde alle tage
10 siech von súnden. har umbe wil ich alle tage die artzenige niessen, das aller siechetage von mir werde vertriben.

Das ander werg der erbermede: man sol den gefangenen trôsten. nů ist der mensche gefangen
15 von den manigvaltigen stúcken, die ime der bôse geist het ane geleit mit maniger bôser gewonheit, und wenne er nůsset das heilige sacramente mit einre grundelosen demûtigen gelossenheit indewendig und ussewendig in allen den wercken, die got mit
20 ime getůt oder wúrkende wurt lipliche und geist-liche, in zit oder in ewikeit, und sich dar inne frideliche unde frôliche und lidekliche haltet in rehter getultikeit, so hat unser herre disen gefangenen getrôstet selber mit gar grosser frúntlicher truwen
25 und git ime dar zů alse gar grosse friheit und minne, die alle ungeordente vorhte verswendet, und schenket ime ouch fride und frôide in dem heiligen geiste und vereinbert in mit ime alse gar gentzliche, das er nút anders wil noch wellen mag wenne alse
30 got wil, und git ime denne die gnode, was er getůt, das ime das alles zů nutze und zů gůte kummet, er esse, er trinke, er sloffe, er wache: was er tůt, das wurt allessament fruhtber in ime. alsoliche mensche, die har zů kummen sint, das got die sehs
35 werg der erbermede alse úber(120ª)natúrliche mit ime úbende ist, die sint gar úbel zů bekennende von der gemeinde der cristenheit, und were uns doch gar nútze und notdúrftig, das wir dirre wege mit erneste war nement und sú alse vil und alse

lange übetent, untze das got ouch die sehs werg der erbermede mit uns übende würde. wenne ouch der mensche hie in zit dar zů keme, so würde er ouch fridelich und frölich, wanne sin hertze were völ fröiden und sine sele völ gottes, und würde in der 5 gevengnisse von gotte getröstet. von diseme troste würdent sine füsse erlöset von allen banden und stricken des bösen geistes. hie von sprichet her David: min ouge ist alle stunt in gotte, wanne er hat erlöset mine füsse von dem stricke. 10

Das dirte werg der erbermede: men sol den hungerigen spisen. nů ist der mensche hungerig noch diser geistlichen spisen, und wenne er nússet das heilige sacramente, so hat unser herre disen hungerigen mit sin selbes lip gespiset. von diser 15 spise wurt der mensche sat süssikeite alles geistlichen lustes. hie sprichet Moyses: herre, du hast in gegeben das brot von dem himele, in deme do ist genůgede alles lustes. von der enpfohungen diser spise do wurt uns gegeben gewalt zů werdende kinder 20 gottes. hie von sprichet sanctus Johannes: alle die, die in enpfingent, den het er gegeben gewalt zů werdende gottes kinder.

Das vierde werg der erbermede: men sol den tůrsterigen trenken. nů tůrstet den menschen ouch 25 noch diseme geistlichen tranke mit einre quetschungen und quelungen got grösliche und vil zů minnende, und das ist ouch one zwifel wor. wen diser durst rehte bestot, den quelet und girlet gar vil me noch götelicher minnen und noch geistlicheme durste 30 denne kein wassersühtiger mensche ie gequelete noch liplicheme durste. und dirre minnen turst wurt in ettelichen menschen alse gros, das er vil lieber wolte wogen sin liplich leben, ebe er wolte des trinkendes enberen, und gewinnet alse gar grosse 35 überflüssige götteliche minne in ime, das er alle zit und alle stunde gerne wolte vor götelicher minnen

---

25 tůsterigen, *vgl.* 91,15.   28 disen

sterben, in der meinungen, das got gröslîche und vil
von allen creaturen geminnet môhte werden. dirre
götteliche minnenturst hat ŏch die gewonheit, so
der mensche ie me trinket, so in ie me túrstende
5 und jomerende wurt noch gotte und in an minnen-
trancke ie minre und ie minre genŭgende wurt,
wanne er begeret got uf das aller hôheste zŭ
minnende, alse verre es múgelich an dem menschen
ist, und in ime ist nút anders wanne were es múge-
10 lich, das er aller menschen und aller engele und
heiligen minne alzŭmole in ime hette, noch denne
so enduhte in nút, wie er durstes bŭs môhte werden,
er begerete der sattunge noch me. wenne nŭ der
milte erbarmhertzige got grundelos ist, dar umb ist
15 ouch dirre minnentrung grundelos, und wenne ein
solicher (120ᵇ) minnentúrstiger mensche nússet das
heilige sacramente, so hat unser herre disen túrstigen
getrenket mit sime heiligen blŭte und mit der minnen
und troste und frôiden aller creaturen, es sigent
20 menschen, heiligen oder engele: der aller minne
wurt ime zŭ eigen gegeben. von diseme tranke
erlôschet aller turst zitlicher dinge. noch danne
hat die labelose túrstige sele kein genŭgen hie ane,
und ir geschiht gar we, wanne sú het ettewas vorhte,
25 das ir gebresten welle an durste, und so dis der
erbarmhertzige got in siner ewigen wisheit ane
sehende ist, so wurffet er sú in den aptgrúndigen
grundelosen wog der driger personen, do inne er-
trencket er sú gantz und gar alzŭ mole und denne
30 erst wurt ir benomen durstes quale mit benŭgede
der heiligen drivaltikeit. hie vindet erst rŭwe die
labelose dúrstige sele, wenne sú ist denne erst mit
gotte alse gar vereinbert worden, alse ein luter
troppfe wassers vereinbert wurt in eime fŭder rotes
35 wines, den men dar noch von dem wine niemer me
gesunderen mag.

Das fúnfte werg der erbermede: men sol den
nacketen kleiden. wo nŭ got einen menschen vindet,
der sich alzŭ mole verzigen het aller creaturen und

VI.

die do vor ime stont blos lidig und nackent one
aller creaturen behelf, den menschen cleidet unser
herre mit der kôstlichen gezierde, also das er ime
ettewas zů erkennende git der minnen, die er zů
sin selbes bilde hat, und ouch das er in mit siner
minnen můsse minnen und sinen willen dar ane
vollebringen an goben, an gnoden und an allen
dingen, beide indewendig und ussewendig, noch sinre
ewigen ordenunge: und denne so wurt ouch got
dem menschen von genoden, das er ime selber von
naturen ist, und dis ist ouch das schôneste her-
licheste kleit, do mitte er den menschen in der
naturen gekleiden mag, die wile sele und lip bi
einander hie in der zit sint, wanne der mensche
wurt ouch denne behůt vor allen creaturen. also
kleidet unser lieber herre einen iegelichen menschen,
der sinen heiligen lichamen wúrdeklihe nůsset. har
umb sprach sanctus Paulus: brůdere, ziehent abe den
alten menschen und kleident úch mit unserme herren
Jhesu Christo in diseme liehten kleide sinre menscheit,
so werdent wir sehende daz clore lieht.

Das sehste werg der erbermede: men sol den
ellenden herbergen. nů ist die sele ellende, wanne
sú ist us gegangen us der ewigen herbergen und
heimůte der heiligen drifaltikeit har in dise sterbende
zitliche ding. har umbe vindet sú keine genůgede
in allen herbergen natúrliches lustes, und wanne sú
nůsset das heilige sacramente und eime verzihende
und úbergebende aller der welte trost und keine
herberge habende noch sůchende ist in keiner crea-
turen denne alleine in gotte, so hat unser herre die
sele geherberget in ime und die sele het geherberget
got in ir. hie sprichet (121ª) sanctus Johannes: das
wort ist zů fleische worden und het gewonet in uns.
hie von sprach unser herre Cristus: wer mich nůsset,
der ist in mir und ich in ime. von dem das got in
der selen ist, so můssent alle bôsen geiste fliehen.

---

10 des m.

hie von sprichet ein lerer: wenne wir gont von
gottes tische, so dunccket die tůfele, wie wir sint
den lowen gelich und uns das fúr zů dem munde
us búrne. von dem das die sele in gotte ist, so
5 wurt sú verwandelt us zit in got. hie von sprach
unser herre Augustinus: ich bin ein spise grosser
und wahssender lúte. wahs ouch, so wurst du mich
niessende. ich wurde aber nút verwandelt in dich,
sunder du wurst verwandelt in mich.

10 Das sibende werg der erbermede: men sol den
toten begraben. nů můs der mensche sterben aller
eigenschaft natúrlicher und geistlicher richeit. hie
von sprichet sanctus Johannes: selig sint die toten,
die in gotte sterbent, und wenne er nússet das
15 heilige sacramente, so begrebet unser herre Jhesus
Christus disen toten mit ime in gotte. hie von
sprichet sanctus Paulus: ir sint tot und uwer leben
ist begraben mit Jhesu in gotte. von diser begrebede
so entspringet in der selen die fruhtbere martel
20 unsers herren und sicherheit ewiges lebendes. hie
von sprichet unser herre: ich bin ein brot, das von
himele her abe ist kummen, und wer mich nússet,
der lebet eweklich. bischof Albreht sprichet: wer
sine sele gesehen môhte, so sú unsers herren licho-
25 men enpfohet, men sehe in ir eigenlicher und kúr-
licher gottes martel danne man es an keiner stat
gemolen môhte.

Nů het unser herre Christus in den menschen
vollebroht die siben geistlichen werg der erbermede
30 in der niessungen des heiligen sacramentes. nů
schencket er us in die sele die siben goben des
heiligen geistes. von den siben goben entspringent
sibenvaltige frôiden und nútze allen creaturen in
himele, in erden und in dem fegefúre.

35 An dem ersten, das unser herre den siechen hat
gesehen und gesunt gemaht, so schencket er us die
erste gobe des heiligen geistes: wisheit, das der
mensche wisliche vor diseme siechetagen sich kan
behůten, do er vor mit unwisheite was in gefallen.

von diser wisheit enpfohet die heilige drifaltikeit sůnderliche ere.

An dem anderen, das er den gefangenen het getröstet und erlidiget, so schencket er us die andere gobe: vernunft, das der mensche vernúnftikliche vor disen stricken sich kan behůten, do er vor mit unvernunft in was gefallen. von diser vernunft enpfohet die kúnigliche můter gottes sunder lop.

An dem dirten, das unser herre den hungerigen hat gespiset, so schenket er us die dirte gobe: rat, das der mensche mit rote des heiligen geistes dise spise also kan niessen, das aller gebreste hie můs entwichen. von diseme rote enpfohet die nún köre der engele ieglicher sunder wirdikeit.

An dem vierden, das unser herre den túrsterigen hat getrenket, (121ᵇ) so schenket er us die vierde gobe: sterke, das der mensche also gesterket wurt in diseme tranke, das er alle tugent mag geůben. von diser sterke enpfohet alle apostolen, alle patriarchen, alle propheten, iegelicher sunder fröide.

An dem fúnften, das unser herre den nacketen het gekleidet, so schencket er us die fúnfte gobe: kunst, das der mensche also kúnstliche dise kleider kan tragen, das der vatter sprichet: dis ist min geminneter sun, in dem ich mir selber wol gefalle. von diser kunst enpfohet alle lerer, alle megede, alles himelsches her, iegelicher súnderliche sůssikeit.

An dem sehsten, das unser herre den ellenden het geherberget, so schenket er uns die sehste gobe: miltikeit, das der mensche alse milte wurt, was got gůtes in ime vollebringet, das er das miltikliche wider uf treit in den vatter der liehter, us dem alle gůte goben fliessent. von diser miltikeit so enpfohet vil súnder bekerunge und vil gůter lúte bestetigunge.

An dem sibenden, das unser herre den toten het begraben, so schenket er us die sibende gobe: vorhte, das der mensche mit einre minnenden vorhte sich alse tief begrebet in die gotheit, das in alle

creaturen in zit nút kundent dar us erwegen zů
eime súntlichen gebresten. von diser vorhte so en-
pfohent in dem fegefúre vil selen erlôsunge und
iegeliche súnderliche irre arbeit eine erlihterunge.
5 Nů merckent alle, kinder gottes, und ensument
úch nút, was grosser gôttelicher herschaft und himel-
scher frôiden und creatúrliches nutzes dar ane lit
von eime luteren demútigen enpfohende, das der
mensche tůt den fronelichamen unsers herren. got
10 mache uns sin selbes enpfenglich! amen.

Wer nů wil enpfenglich werden der wúrkungen
und der fruht des heiligen sacramentes, der můs
vier stúcke an ime haben geistliche, die unser herre
Cristus hatte lipliche, do er sich selber wolte geben
10 den jungern und allen menschen. das erste: er
leite sin kleit hin. das ander: er strickete ein wis
tůch umb sich. das dirte: er tet wasser in ein
beckin. das vierde: er wůsch den jungern ire
fůsse. also müssent wir ouch tůn. an dem ersten
20 so müssent wir hin legen unser alt kleit, unser alt
súntlich gebresthaft leben, und wider umbe an uns
nemmen ein nuwe luter demůtig gebesserlich leben
eins gůten gôttelichen unbetrogenen willen und
wercke. an dem dirten so müssent wir tůn das
25 wasser, unseren gůten gantzen gôttelichen willen, in
das beckin gôttelicher minnen. an dem vierden so
müssent wir den jungeren ire fůsse weschen. die
jungeren gottes sint die drie krefte der selen. die
fůsse sint die begirde der selen, und wo die sele
30 het ire fůsse beflecket mit zitlicher begirde, so
müssent wir balde nemmen usser dem beckin gôtte-
licher minnen das wasser, unseren willen, und
müssent die flecken alle abe weschen (122ª) also,
was die begirde habe begeret wider die ere gottes,
35 das des der wille zů mole nút welle und alleine
die ere gottes welle in allen dingen. denne so sint
wir worden enpfenglich der hohen wúrckungen des
heiligen sacramentes, wanne got vollebringet das
unfollebrohte in Cristo Jhesu. amen.

VII.

Nützliche Lehre an eine Jungfrau mit vorangehendem Gebet.

(272ᵃ) Dis ist gar eine nützliche letze allen den,
der sich got mit sunderheite ane genummen het, das
er sú füren und leiten wil die neheren sicheren
gerehten wege ettewas noch irme vermúgende ime
noch durch manigfaltig verborgen heimelich liden 5
innerlicher und usserlicher frômeder bekorungen.
dise selbe letze mit dem gebette, das do vor stot,
wart gegeben einre erberen jungfrowen von irme
bihter. den selben bihter Rûlman, unser stifter,
grôsliche minnete und vil sinre heimelicheite 10
wuste. und vohet das gebet von erste alsus ane.

O! herre Jhesu Christe, min einigestes liep und
min userwelter getruwer gemahel und ewarte, den
ich erkorn habe für alle creaturen zů eime sunderen
hertzeliebe, ich ermane dich alles dines minnerichen 15
lidendes und dins ellenden bittern todes, den du
von grosser minnen gelitten hast durch mich, do
bi ich bekenne, das ich ouch gar billiche lide
durch dich, sider ich dich mir zů eime sundern
hertzeliebe us erwelet habe und du ouch nieman 20
kein liden gist wenne von grosser truwen, umb das
du sú mit sunderheite minnest und liep hest und
sú ewiklich zů dir verbinden und vereinigen wilt.
ach, Jhesu Christe, hertzeliep mines, dar umb so
oppfere ich mich in dinen gôttelichen gewalt und 25
bevilhe mich dir alzů mole unde bitte dich durch
dinen tot und durch dine grosse grundelose erbermede,
das du nút ane sehest die krangheit minre
verzageten naturen. du würkest usser dem dinen
was dir aller lôbelichest und liebest ist, in zit und 30
in ewikeit, es si minre naturen liep oder leit, es tů
ir wol oder we. das wil ich gerne und gewillekliche

---

1 *die Überschrift rot, die Initale* D *blau.*   9 selber

durch dinen willen liden und tragen, alse lange du
es von mir haben wilt, das ich dir mit diner helfe
untze in minen tot niemer gewencke noch abe
gegange, wie vaste joch mine blöde nature iemer
5 dar under gezabelt oder sich derabe windet und
rinpfet.

(272ᵇ) Ach, liebe tohter, dis vorgeschribene
gebet oder des glich súllent ir dicke sprechen zů
uwerme gemahele und liebe Jhesu Christo und súllent
10 úch ime do mitte steteklich uf oppferen in sinen
willen und aller meist zů der zit, so ir sine gnode
in úch befindent, maniger leye truckes und getrenges
von indewendigen oder ussewendigen frömeden un-
reinen bekorungen, die ir ouch söllent leren us
15 liden und durchbrechen und nút e zit dervon
fliehen, ebe ir den sig gewinnent und den lon ver-
dienent, das ir út mit schanden bezalent. wanne
keime rittere mag die ere niemer werden, wie frö-
liche er joch iemer in den strit oder in den turney
20 ritet, der do von der anegesihte der swerte und
des vehtendes verzagen und erschrecken wil und
die streiche fliehen. sol ime die ere werden und
ein frummer kúner ritter heissen, so můs er men-
liche und ritterliche striten und vehten in dem
25 mittele und an dem ende des strites und turneyes
und alle streiche und slege fröliche und unverzegen-
liche enpfohen und us liden. ach, liebe dohter, und
darumb, wellent ir ein steter gestendiger gottes
ritter werden uwers einigen liebes und gemahels,
30 so fliehent keine stat, wo ir sinre göttelichen gnoden,
der lidenden bekorungen aller meist befindent, es
sige in der kirchen oder in uwerre kammeren oder
obe dem wercke. do lident úch ouch aller gernest,
so ir lengeste mögent, und negelent und bindent
35 úch uf die selbe stette nů einre messen lang, denne
einre halben messen lang, und also ie fúrbas und
ie fúrbas von einre zit zů der andern und von
einre stunden zů der andern, alse es úch unser
herre, uwer gemahel, ie zů mole git zů tůnde. und

VII.

mögent ir joch nút betten oder lesen noch nút
gûtes betrahten, so lident úch aber also mûssig
sitzende oder knuwende oder stonde und sprechent
mit munde und mit hertzen: herre Jhesu Christe,
lieber usserweleter gemahel, hie wil ich mich dir 5
zů lobe und zů eren liden alsus lange oder also
lange, alse du dich durch minen willen litte an
dem heiligen crútze, hangende an den scharpfen
nagelen, die dir durch hende und durch fůsse
wurdent geslagen. beschehe es ouch, das er in der 10
liplichen spisen oder in dem heiligen sacramente zů
úch kummende wúrde mit sinen verborgenen súnder-
lichen goben und gnoden maniger wûster unlúst-
licher bilde, die uwerre naturen gar widerzeme
werent, ach! die enpfohent dangberliche von ime 15
und lident sú gerne (273ª) und gewillekliche dem
bitteren widerwertigen tranke der gallen und dem
essiche, der ime gebotten wart an dem heiligen
crútze in sinre sterbenden not. beschehe es ouch,
das úch unsers herren martelbilde oder der heiligen 20
gemelze oder andere unbekörliche ding, isin, holtz
oder steine fúr gehebet wúrdent in unluterre frömeder
unkúscher reissunge und neigunge, so súllent ir es
bi núte schúhen oder fliehen. ir súllent es vil und
dicke ane sehen oder handeln und ane rûren in 25
durchbrechender úberwindender wisen und söllent
sprechen: ach, min herre und min got, einigestes
liep mines, dis mag von naturen nút sin, es kummet
alleine von dinen getruwen milten vetterlichen goben
und gnoden. dar umb so wil ich es gar gerne von 30
dir nemmen und haben und gewillekliche liden alse
lange du mir sú lossen wilt. und ich dancke dir
getruweliche von gantzeme grunde mines hertzen
dinre grossen minnerichen goben und gnoden, der
ich mich alzů mole unwirdig bekenne. ach, liebe 35
mine dohter, und also lerent alle strite und turneye
der bekorungen fröliche und ritterliche us liden und

---

21 *lies* unbehörliche?

überwinden, so werdent ir kúrtzliche ein tappferre wesenlicher mensche und ein kůner frummer ritter, dem die ere wurt gegeben uf dem himelschen hofe von allen engelen und heiligen. amen.

Abkürzungen für die einzelnen Schriften.

B = Bannerbüchlein.
Br = Briefe bei Schmidt NvB.
(D)[1] = Dialog = V.
DD = Drei Durchbrüche.
DO = Gesch. eines jungen Weltkindes, das in den Deutschorden eintritt.
(E) = Von einem eigenwilligen Weltweisen = IV.
(F) = Das Fünklein in der Seele = II.
FM = Fünfmannenbuch (C. Schmidt, Die Gottesfreunde im 14. Jh. Jena 1854. S. 76 ff. und NvB S. 102 ff.)
GF = Schmidt, Die Gottesfreunde im 14. Jahrhundert.
GL = Geistliche Leiter.
GR = Der gefangene Ritter.
GSt = Geistliche Stiege.
(L) = Lektion an einen jungen Ordensbruder = III.
M = Meisterbuch.
(N) = Nützliche Lehre an eine Jungfrau = VII.
NF = Neun Felsen.
NvB = Nicolaus von Basel ed. Schmidt.
PP = Jundt, Panthéisme populaire.
R = Ruybroek-Excerpt.
(S) = Die sieben Werke des Erbarmens = VI.
UA = Ursula und Adelheid.
VJ = Vier Jahre (C. Schmidt, Die Gottesfreunde im 14. Jh. S. 54 ff.)
(ZK) = Von zweier bairischer Klosterfrauen Leben = I.
ZM = Zweimannenbuch hrsg. von Fr. Lauchert. Bonn 1896.

---

[1]) Die in Parenthese gesetzten Siglen kommen für dieses Heft nicht in Betracht, da die hier abgedruckten Stücke durch Nummern gekennzeichnet sind.

Anmerkungen.[1]

I.

2, 30 f. sich vergan: '*sie übertrieben es mit dem Singen und Lesen.*'

2, 34 Über die Sechs- und Siebenzahl der Werke des Erbarmens s. die Anm. zu Nr. VI und Banz, Christus und die minnende Seele S. 123.

3, 7 *1332.*

3, 18 kleinôter *auch NvB 101, 22*, s. Schmidt, Hist. Wb. der elsäss. Mundart 197[b]; Zeitschr. f. deutsche Philologie 32, 426 zu V. 242.

3, 22 schraf s. Schmidt, Hist. Wb. 312[b]; Deutsches Wb. 9, 1617. — Scharfe, schneidende, eiserne Geißeln werden öfter erwähnt, s. unten 12, 7 f. GSt 130. UA 370, 19 f. ZM 8, 9 f. VJ 60, 32.

3, 23. 12, 9. 33. 19, 27 umb und umb *auch UA 370, 20. NvB 319, 34 (Brief). VJ 58, 14 f.*

3, 29. 4, 24 liebelos = liplos '*körperlos, eingefallen*'; bleich dúrre und liebelos und mager *NvB 170, 14;* die libelose magere bleiche dúrre closenerin *UA 375, 36;* dagegen liebelos '*freudlos*': ellender liebeloser vinsterer weg *NvB 178, 22;* ich armer ellender liebeloser man *ZM 65, 26;* ich arme ellende liebelose lidende sele *ZM 66, 3;* ir armen liebelosen hoffertigen frevelen wip *M 46, 36;* das aller liebeloseste iemerlicheste martelbilde *GSt 135.*

3, 30. 33. 4, 2. 7. 12. 18 ettekômig '*morosus, hektisch*', s. Schmidt, Hist. Wb. 93[a]. 323[b] unter serwen; Lexer 1, 714; Schweizer Id. 1, 599; Deutsches Wb. 3, 1174. 1175.

4, 2 serwen *auch GF 52, 15.*

4, 3 mannespersone *auch GF 39, 1.*

4, 25 Matth. 18, 20.

4, 31. 5, 25. 16, 37 Die eigenartige Konstruktion wart do ..., am auffallendsten in der Wendung wart, do beschach,

---

[1] *VJ und FM sind nach den Schmidtschen Abdrucken zitiert; da die Seitenzahlen auch im Neudruck (im zweiten Hefte) vermerkt sind, macht hier das Auffinden der Zitate keine Schwierigkeit.*

begegnet häufig in den Gottesfreundschriften, vgl. *II 23,25. V, 61, 22. 28. 62, 22. 63, 5. 67, 37. FM 117, 5. M 45, 5. 63, 9. ZM 21, 16. 32, 18. 40, 30. 65, 22. 69, 16. 19. 90, 14. NvB 187, 17, auch in den GF-briefen NvB 314, 2. 30. 316, 8. 326, 18. VJ 63, 17. 68, 25.* — *Dagegen habe ich aus NF mir keinen Beleg angemerkt.*

5,19 gehalten '*aufbewahrt*'.

8,28. 13,13 mit munde und mit hertzen *auch II 29, 37 f. VII 95, 4. GF 185, 39. M 21, 39. 25, 9. 29, 32. 31, 8, vgl. 22, 6. 7. VJ 59, 23. 64, 12. 67, 22. 70, 10;* in hertze und in munde *M 13, 25. Vgl. auch ZM 47, 34 f. 61, 18.*

9,21 satte, gesat *sind die geläufigen Formen in der GF-literatur.*

9, 35. 10, 3 *Die hl. Elisabet* (delsibet) *wird auch FM 106, 39 f. 107, 6. GR 169, 7 erwähnt.*

9, 38 mit der helfe gottes *begegnet in der GF-literatur so oft, namentlich in ZM und M, daß es keiner Belege bedarf.*

10, 5 f. *Vgl. unten Nr. VI.*

10,13 viertzig jor *1315—1355*.

11, 20 f. mit gar kurtzen stumpfen worten *auch NvB 190, 30.*

13,9 nûmehin '*fortan*' *auch FM 134. 31. VJ 75, 14. 18.*

13,18 es tû uns we oder wol *auch NvB 82, 2. 94, 26. 135, 35. 202, 24. 311, 10. GL 141, 13 f. 144, 6. M 22, 14. 31, 15. ZM 5, 26. NF 15, 29.*

17,8 obe *in Vermischung mit* ebe '*ehe*', *ebenso III 36, 20. IV 53, 12. NF 121, 11. 13. VJ 62, 18. 64, 13.*

17,23 ketschen '*schleifen, schleppen*', s. *Schmidt, Hist. Wb. 193ᵇ f.*

17, 32 f. 37 f. nût wondent: *für die GF-literatur charakteristisch ist die falsche, jedenfalls eigenartige Stellung der Negation bei* wænen, *das in solchen negierenden Fällen am besten durch* '*zweifeln*, *im Zweifel sein*' *übersetzt wird. Vgl. II 26, 26. III 38, 16. IV 47, 24 f. V 74, 3. NvB 108, 6. 112, 10 f. 120, 25. 31. 130, 3. 250, 10. Zu letzterem Zitat s. schon W. Cordes, Der zusammengesetzte Satz bei NvB. Bonner Diss. 1888. These 4.* — *NF 41, 6. 42, 18. 46, 18. 57, 22. 58, 2. 60, 28. 67, 13. 84, 13. 99, 28. B 397, 27. 29. 399, 10. 12. GSt 132, 21. ZM 47, 26. 58, 22* (= *NvB 205, 10*). *80, 8* (= *NvB 267, 35*). *Aus M habe ich mir keinen Beleg notiert. Auch bei* dunken *steht die Negation des öfteren in befremdender Weise, wo wir sie im Nebensatz erwarten. Vgl. II 26, 35. VI 88, 12. NvB 137, 33. GSt 125, 4. M 13, 21. 43, 26. Auch andere Verben begegnen, wo die Negation an Stelle uns geläufiger Affirmation tritt: so beim Verb. subst. ZM 6, 7. 16, 29. NF 75, 12;* getruwen *NvB 295, 9,* wellen *M 63, 22. NF 120, 20.* — *Vgl. Beitr. 25, 545.* — *Dem gegenüber* ich weiz = ich enweiz *ZM 25, 11. 15. 62, 8. NF 43, 13. 62, 16. 116, 24.*

18,8 slehtekliche '*schlicht, natürlich, harmlos*'.

Anmerkungen

19, 32 gracie *auch NvB 317, 17, wo fälschlich* gnade *steht*, s. *Rieder 78*, 22.*

19, 35 f. fride und frôide *s. zu VI 86, 27.*

20, 31 verrüegen '*anzeigen*'.

II.

22, 1 f. *Zu dem Sprichwort verweist mich Joh. Bolte auf Dan. Meisner, Thesaurus philo-politicus 8 (Frankf. a. M. 1626), Taf. 375 Felis amat pisces, flumen intrare non vult mit Bild; Bolte, Montanus, Schwankbücher S. 624; Schauplatz der Betrüger 1687 Nr. 36; J. Gastius, Convivalium sermonum tom. 2, 183.*

22, 5 múrwe *vgl. ZM 39, 10* ungelossene múrwe sidin menschen; múrwehertzig *B 397, 34; Schmidt, Hist. Wb. 249ª ᵇ*.

22, 15 unerstorben *auch UA 386, 38. NvB 307, 7.*

24, 23 f. *Röm. 12, 1.*

24, 34. 25, 24. 26, 7 ganeisterlin '*Fünklein*' *auch GL 142, 4; Schmidt, Hist. Wb. 117ᵇ.*

25, 7 *vgl. 48, 22* trift '*Weide, Lebensweise*', *s. Tauler bei Vetter S. 494ᵇ; Schmidt, Hist. Wb. 359ª ᵇ.*

25, 12 *Das Sprichwort auch GSt 119, 16f. 125, 12. 126, 36.*

26, 23 gar und gantz *auch NvB 118, 29. 127, 23. 301, 21. 304, 1. 4 f. 7. 306, 6. ZM 28, 13. M 22, 38. 32, 17. DO 149, 28. NF 37, 25. 40, 31. Die Umstellung* ganz und gar *ist ebenso häufig: I 15, 15. III 36, 25. VI 88, 29. NvB 103, 12. 195, 10. 296, 11. 305, 3. ZM 28, 30. UA 388, 33. DO 149, 32 f. NF 25, 12. 101, 31. 138, 26. VJ 61, 3. (GF 188, 31). — S. zu 26, 27 f.*

26, 26 nút wonde *s. zu I 17, 32 f.*

26, 27 f. 30, 7 ganz und gerwe *auch NvB 193, 27. 194, 38. 317, 12. GL 141, 19. UA 372, 9 f. DO 149, 26. — S. zu 26, 23.*

26, 31 ein ewiger hellebrant *auch III 38, 17. NvB 97, 32. UA 375, 14. ZM 58, 17. M 41, 24. NF 41, 4 f. VJ 66, 8. — GF 186, 38. 187, 11. 21 sind aus M herübergenommen.*

26, 35 nút duncket *s. zu I 17, 32 f.*

27, 34 f. *vgl. V 70, 32 f.*

28, 20 just *s. Schmidt, Hist. Wb. 186ª. —* just wie rifiere *bildlich gebraucht:* '*so daß er in eine gefährliche Lage gekommen ist*'.

29, 5 streme '*Strahlen*' *s. Schmidt, Hist. Wb. 342ᵇ.*

29, 7. 33 blickelin *auch M 28, 6. GL 141, 21. 142, 4. NF 106, 26. 113, 19.*

29, 20 es sige sur oder süsse *auch NvB 135, 34. 178, 34. M 6, 6. 22, 14. 24, 7. UA 376, 35. GL 144, 6. DD 216, 30. 217, 11; anders dagegen NvLöwen, GF 185, 10. 186, 26.*

29, 21 gerne und gewilleklíche *auch VII 93, 32. 95, 16. NvB 179, 2. ZM 6, 22. UA 378, 20. M 29, 34. VJ 71, 5. NF 8, 25. 103, 19. 128, 18. 133, 2; in umgekehrter Folge NvB 87, 27. 183, 22. 184, 28. 294, 34. M 30, 16. 31, 28. 60, 13. ZM 18, 25.*

7*

41, 20. *GSt 125, 35. VJ 63, 15. NF 6, 15. 20, 4. 122, 5. 136, 3. 139, 29.* Beide Wendungen übrigens auch in einem unter des NvLöwen Namen gehenden Briefe (NvB 285, 4) und in den Nachrichten (GF 185, 11). Zur Formel s. noch Deutsches Wb. 4, 1. 2, 3724. 3, 5823.

29, 37 f. s. zu I 8, 28.

30, 33 foul = vol *stf.* 'Fülle'.

31, 3 úber alle bilde und forme *auch B 401, 7;* weder b. noch f. und waz uber alle vernunft *ZM 13, 16*.

31, 23 f. *Joh. 4, 24*, vgl. *NvB 134. 6. 189, 7. ZM 67, 29. M 58, 29 f.* vgl. *32, 24 f. GL 141, 33. VJ 67, 38.*

31, 33 *1. Joh. 4. 16.*

31, 36. *32, 39 Röm. 8, 35.*

32, 1 ff. *Joh. 12, 26.*

32, 8 f. geloube, zůversiht und minne *auch IV 58, 16; VJ 69, 4.*

33, 19. 21 sich rimpfen 'sich zusammenziehen, krümmen' *auch VII 94, 6; UA 389, 30. 390, 37*, s. *Schmidt, Hist. Wb. 282*[a].

34, 6 *2. Kor. 12, 2. 3. 4.*

35, 4 sin armez gezowelin 'Werkzeug' *auch NvB 278, 18. M 19, 26. NF 6, 23*, vgl. armes gezowe *B 402, 15*.

III.

36, 2 f. mit geswinden worten *auch NvB 84, 18 f.*

36, 25 s. *zu II 26, 23.*

36, 35 in 'deinen freien Willen'.

37, 3 f. es si dir liep oder leit, es tů dir wol oder we *auch VII 93, 31 f.; NvB 82, 1 f. 94, 26 f. 107, 34 f. 202, 23 f. ZM 18. 30 f. VJ 59, 27 f. 64, 20. 67, 25. NF 15, 29.* Vgl. zu *I 13, 18. II 29, 20.*

37, 9 f. verleckern 'begierig machen', s. *Schmidt, Hist. Wb. 396*[a]; *Deutsches Wb. 12, 755*.

37, 23 menlichen *muβ* auffallen, 'stark'?

38, 16 s. *zu I 17, 32 f.*

38, 17 s. *zu II 26, 31.*

41, 29 vermelden *auch IV 46, 9. 59, 33. 36.*

IV.

43, 13 f. Ganz ähnlich *ZM 3, 23. VJ 57, 19 f.*

45, 10 Der Priester (44, 23) will sagen, er sei kein gelehrter Mann.

46, 9 s. *zu III 41, 29.*

47, 9 mit weinenden ougen *auch NvB 101, 14. 110, 2. M 27, 30. UA 365, 22. 371, 25. 373, 27. 378, 36. 381, 10. GSt 126, 26. 130, 2. 3.*

47, 13 schalghaft s. *Schmidt, Hist. Wb. 294*[a].

47, 24 s. *zu I 17, 32 f.*

48, 22 *Zu* trift *s. die Anm. zu II 25, 7.*

50, 21 geraten *mit dem Infinitiv 'beginnen zu' ist Merswin und der GF-literatur so geläufig, daß es keiner Belege bedarf (s. Grimm, Gramm. 4, 96), dagegen begegnet bei Tauler diese Konstruktion nicht, s. Denifle, QF 36, 89,*

53, 12 obe *'ehe, bevor', s. zu I 17, 8.*

55, 6 f. gehabe dich wol *auch V 62, 27. 35. 63, 20 f.; NvB 195, 24. ZM 43, 11. 16. Vgl. auch NvB 164, 38. 165, 6. 178, 32. 181, 30. ZM 5, 4. M 28, 3. 11. 41, 27.*

55, 37 f. *Gott und der heilige Geist als* schůlmeister *auch ZM 40, 19. NF 127, 18. 128, 27. PP 221, 11.*

57, 12 *Ps. 67, 36.*

58, 16 *s. zu II 32, 8 f.*

59, 4 one alles warumb *auch NvB 279, 36. 283, 19. ZM 70, 25. GL 140, 16.*

60, 24 gefůret *'genährt, gespeist'.*

V.

61, 22. 28 wart *s. zu I 4, 31.*

61, 33 erbeitete des tages gar kume *ebenso M 64, 14.*

62, 17. 63, 36 mit fliessenden ougen *auch M 42, 18 f. GSt 126, 26, s. auch zu IV 47, 9.*

62, 25 dar zů gap er ime das betze an sinen backen *auch NvB 127, 27. M 10, 26. PP 222, 12 f.; s. auch GF 179, 4. — Schmidt, Hist. Wb. 37ª.*

62, 27. 35. 63, 20 f. *s. zu IV 55, 6 f.*

62, 29 appelos *'Ablaß' s. Zeitschr. f. deutsche Philologie 32, 423 zu V. 23.*

62, 33 *Joh. 8, 11.*

64, 28 *Zu* gewesen *vgl. Z 30. 33* gesin.

65, 3 f. alleine — alleine *vgl. 70, 3* rehte — rehte.

65, 5. 71, 25. 74, 5. 8. 79, 25 f. 81, 14 selpselb *sehr häufig in der Gottesfreund-Literatur.*

66, 13 *2. Kor. 12, 2.*

66, 36 gritikeit *'Habgier' auch NF 29, 12. 61, 15 neben zahlreichen* grit, gritic *in der sonstigen Gottesfreund-Literatur. Das Wort ist speziell elsässisch, insbesondere straßburgisch. S. Martin-Wiegand, Strassb. Studien 1, 381; Schmidt, Hist. Wb. 156ᵇ; Zeitschr. f. deutsche Philologie 32, 423; Literaturbl. f. germ. u. rom. Phil. 1901, Sp. 10.*

68, 18. 24 parlas, parlosin *'plötzliche Lähmung, Schlagfluß' s. Schmidt, Hist. Wb. 264ᵇ; Deutsches Wb. 7, 1458.*

70, 32 f. *Vgl. 27, 34 f.*

71, 12 f. alse ein troppfe wassers ist gegen dem gantzen mere *auch NvB 120, 30. 198, 34. UA 377, 8 f. NF 140, 8. 145, 34.*

72, 17 ahteste *auch M 5, 39, vgl. Weinhold, Mhd. Gramm.² S. 342.*

73, 5 Luk. 17, 21.
73, 20 Luk. c. 23.
73, 25 Isai. 60, 15.
73, 34 Joh. 13, 13.
74, 11 s. Bernhart: *S. Bernardus, Sermo 74 in Cant. n. 4 (Migne PL 183, 1140): O modicum et modicum! O modicum longum! Vgl. Sermo 23 in Cant. n. 15 (Migne PL 183, 892): si quando in illum (cubiculum) contigerit introduci. Sed heu! rara hora, et parva mora!*
74, 15 2. Kor. 12, 4.
74, 17 s. Bernhart: *S. Bernardus, Sermo 74 in Cant. n. 5 (Migne PL 183, 1141): Fateor et mihi adventasse Verbum, in insipientia dico, et pluries. Und ebenda n. 6: Quaeris igitur, ... unde adesse norim? Vivus et efficax est, moxque ut intus venit, expergefecit dormitantem animam meam; movit et mollivit et vulneravit cor meum, quoniam durum lapideumque erat et male sanum. Coepit quoque evellere et destruere, aedificare et plantare, rigare arida, tenebrosa illuminare, clausa reserare, frigida inflammare, nec non et mittere prava in directa, et aspera in vias planas; ita ut benediceret anima mea Domino, et omnia quae intra me sunt nomini sancto eius. Ita igitur intrans ad me aliquoties Verbum sponsus, nullis unquam introitum suum indiciis innotescere fecit, non voce, non specie, non incessu. Nullis denique suis motibus compertum est mihi, nullis meis sensibus illapsum penetralibus meis: tantum ex motu cordis, sicut praefatus sum, intellexi praesentiam eius; et ex fuga vitiorum, carnaliumque compressione affectuum adverti potentiam virtutis eius; et ex discussione sive redargutione occultorum meorum admiratus sum profunditatem sapientiae eius; et ex quantulacunque emendatione morum meorum expertus sum bonitatem mansuetudinis eius; et ex renovatione ac reformatione spiritus mentis meae, id (1142) est interioris hominis mei, percepi utcunque speciem decoris eius; et ex contuitu horum omnium simul expavi multitudinem magnitudinis eius. Auch der Anfang von n. 7 (1142) ist noch benutzt, vgl. zu 75, 4 f.: si ollae bullienti subtraxeris ignem.*

75, 13 s. Bernhart: *wo?*

75, 27 s. Bernhart: *wo? Vgl. etwa sermo 3 in Dominica VI p. Pentecosten n. 4 (Migne PL 183, 342): Sic nimirum ex toto indulsit et tam liberaliter omnem donavit iniuriam ut iam nec damnet ulciscendo ...*

75, 35 Luk. 7, 48. 50.

76, 10 bekummet — uffe der strossen *auch ZM 64, 18.*
86, 14. — Gott ein wegewiser *(vgl. 73, 17. 76, 16) auch ZM 40, 18.*

76, 16 Luk. 24, 13 ff.
76, 20 Luk. 24, 32.
76, 21 f. s. Bernhart: *S. Bernardus, Sermo 45 in Cant.*

Anmerkungen 103

n. 7 (Migne PL 183, 1002): Quoties proinde audis vel legis, Verbum atque animam pariter colloqui ... Spiritus est Verbum spiritusque anima et habent linguas suas ... Verbi quidem lingua favor dignitatis eius; animae vero devotionis fervor. Elinguis est anima atque infans quae hanc non habet et non potest ipsi ullatenus sermocinatio esse cum Verbo.

76, 25 rutunge '*Aufrütteln*'.
76, 29 f. Prov. 30, 5.
76, 31 *nicht auffindbar; vielleicht falsches Zitat*.
76, 36 Matth. 15, 19; Mark. 7, 21.
76, 38 Joh. 7, 18.
77, 25 s. Gregorius: Hom. VII in Evang. n. 4 (Migne PL 76, 1103): Qui enim sine humilitate virtutes congregat, in ventum pulverem portat.
77, 28 *nicht auffindbar; falsches Zitat?*
77, 31 Esther 1, 7.
77, 33 s. Gregorius: Hom. XXX in Evang. n. 2 (Migne PL 76, 1221): Nunquam est Dei amor otiosus. Operatur etenim magna, si est; si vero operari renuit, amor non est.
77, 36 ir *der Seele*.
78, 7 s. Gregorius: Moral. V, 4 (Migne PL 75, 682): Nonnunquam sancti viri unde desideriorum suorum detrimenta tolerant, inde maiora lucra, conversis aliis, reportant. Moral. XXVI, 19 (Migne PL 76, 369): Desideria nostra dilatione extenduntur, ut proficiant; proficiunt, ut ad hoc quod perceptura sunt convalescant; exercitantur in certamine ut maioribus cumulentur praemiis in retributione.
78, 26 Cant. Cantic. 4, 7.
79, 3 ff. Matth. c. 5.
79, 8 ff. Matth. c. 5, 3—10.
80, 1. 24. 81, 20. 28. 30 *Die Augustinzitate nicht auffindbar, doch klingt* Confes. X, 6 n. 3. 4 *und* X, 40 *an, ebenso* Enarrat. in Psalmos 41 n. 9. 10 (Migne PL 36, 469. 471). *Vielleicht handelt es sich um eine pseudoaugustinische Schrift*.
80, 19 heilsen = helsen '*umhalsen*' *auch* NvB 232, 39. GL 141, 26. *Vgl.* Weinhold, *Alem. Gramm.* § 58.
80, 25 inna = inâ *Interj., s.* Lexer I, 1428.
80, 30 s. Dyonisius: Mystica Theol. I, 1 (Migne PG 3, 998): Tu vero, chare Timothee, in mysticis contemplationibus, intenta exercitatione, et sensus relinque et intellectuales operationes, et sensibilia et intelligibilia omnia etc.
81, 16 1. Joh. 4, 16.
81, 27 Röm. 7, 24?
81, 33 s. Gregorius: *nicht auffindbar; Anklänge* Dial. II, 35, Moralia 27, 46 n. 79 (Migne PL 76, 444).
82, 5 f. s. Bernhart: *wo?*
82, 23 Cant. Cant. 5, 8.
82, 35 f. nût eine slehe *auch* M 13, 6- 53, 10 f.

83, 6. 14 f. des heiligen geistes rete s. *Beiträge 49, 364 f. unter Nr. 51.*
83, 24 *Isai. 35, 6.*
83, 39 *Cant. Cant. 2, 16.*
84, 13 *Gal. 6, 14.*
84, 23 s. Bernhart: *S. Bernardus, Sermo 23 in Cant. n. 1 (Migne PL 183, 884): Currit sponsa ... sed quae amat ardentius, currit velocius et citius pervenit.*
84, 36 *Cant. Cant. 2, 7. 3, 5. 8, 4.*

VI.

Über die sechs Werke der Barmherzigkeit, die später, seit dem 13. Jh. zur beliebten Siebenzahl vervollständigt wurden, s. Banz, Christus und die minnende Seele S. 123. Die Gottesfreund-Literatur spricht sonst nur von sechs Werken: *I 2, 34. 10, 5 f. VI 86, 34 f. 87, 1. NvB 99, 16. 163, 16. ZM 23, 35 f. GSt 123, 1. 131, 28.*

86, 9 s. Ambrosius: '*nicht auffindbar, etwa falsches Zitat? Augustinus? Ambrosius, De poenitentia II, 10 n. 95 (Migne PL 16, 520): quotidiani nos debet poenitere peccati klingt nur leicht an*'.

86, 27 fride und frôide (in dem heiligen geiste) *eine in der Gottesfreund-Literatur besonders beliebte Verbindung: I 19, 35 f. IV 56, 22. NvB 136, 3. 170, 35. UA 376, 20. 377, 3. M 32, 25. 27. GSt 124, 33. GL 141, 33. DO 149, 38. PP 223, 30. 224, 19. 225, 9. 25. VJ 69, 6. — GF 187, 31. 188, 25. 38. 189, 5 sind Exzerpte, Merswin entnommen, vgl. ebenda 189, 9 ff. — Aus ZM habe ich keinen Beleg notiert.*

87, 8 *Ps. 24, 15.*
87, 17 *Exodus 16, 4 ff. 15*; *Ps. 77, 25.*
87, 21 *Joh. 1, 12.*
87, 25. 91, 15 tûrsterig *Ableitung von* dürstern, *s. Schmidt, Hist. Wb. 71ᵇ.*

87, 29 girlen '*heftig begehren, sich nach etwas sehnen*' *Schmidt, Hist. Wb. 148ᵃ.*

88, 12 *Es wird zu lesen sein:* wie im *statt* wie er.
88, 23. 32 labelos *bisher unbelegt.*
88, 33 ff. *Zu diesem auf den hl. Bernhart zurückgehenden Bilde vgl. Banz a. a. O. S. 120 Anm. 2. Die dort aus Tauler angeführte Stelle findet sich bei Vetter S. 120, 22.*

89, 1 f. one aller creaturen behelf *auch UA 374, 15. 375, 23. 383, 31. M 24, 13. 60, 4. ZM 24, 25 f. Vgl. auch NvB 110, 27. UA 379, 24. M 25, 3.*

89, 18 *Ephes. 2, 22. 24*; *Kol. 3, 9. 10.*
89, 33 *Joh. 1, 14.*
89, 35 *Joh. 6, 56.*

90, 1 ein lerer: *Zitat aus dem Breviarium Romanum, Lectio V in Sabbato infra Octavam SS. Corporis Christi: Tam*

Anmerkungen 105

quam leones igitur ignem spirantes ab illa mensa recedamus, facti diabolo terribiles. Das Brevier gibt als Quelle an: Sermo s. *Johannis Chrysostomi Hom. 61 ad populum Antioch.* Die Homilie ist aber unecht, ihr Verfasser unbekannt. S. die lat. Ausg. der Opera *Divi Joan. Chrysostomi t. V (Parisiis 1588). 340.* Vgl. A. Wintersig, *Die Väterlesungen des Breviers (Freiburg i. Br. 1926) 3,19 (Ecclesia orans XV).*

90, 6 unser herre s. Augustinus *Confess. VII, 10 (Migne 32, 742): Cibus sum grandium; cresce et manducabis me. Nec tu me in te mutabis sicut cibum carnis tuae, sed tu mutaberis in me.*

90, 13 *Apoc. 14, 13.*
90, 17 *Kol. 3, 3.*
90, 21 *Joh. 6, 51.*
90, 23 Bischof Albrecht: *in den allerdings unechten Sermones 32 de s. Eucharistiae sacramento findet sich nichts.*
90, 25 f. kúrlicher '*deutlicher*'.
91, 15 túrsterig *s. zu 87, 25.*
91, 24 *Matth. 3, 17.*
91, 32 vatter der liehter *Jak. 1, 17.*

VII.

93, 31 liep oder leit, wol oder we *s. oben zu III 37, 3 f.*
93, 32. 95, 16 gerne und gewillekliche *s. zu II 29, 21.*
94, 5 zabeln *auch bei Tauler, s. Schmidt, Hist. Wb. 434a.*
94, 6 sich rinpfet *s. oben zu II 33, 19.*
94, 12 truck und getrenge *auch ZM 39, 23. M 21, 26, vgl. auch M 19, 39 f.* getrucket und getrenget.
94, 17 ff. 95, 1 ff. 96, 1 ff. *Nach Bihlmeyer scheint hier Seuse frei benutzt zu sein. Vgl. Seuse 149, 17 ff. 370, 21 ff. 436, 12 ff. 459, 10 ff.*
95, 4 mit munde und mit hertzen *s. zu I 8, 28.*
95, 6 alsus lange oder also lange *s. zu V 65, 3 f.*
95, 21 gemelze *s. Schmidt, Hist. Wb. 131a, Deutsches Wb. IV, 1, 2, 3163.*